FICHES À CONCOURS®
Collection dirigée par Franck ATTELAN

Concours ACCÈS
50 FICHES
méthodes, savoir-faire et astuces

Testées et approuvées par des milliers de candidats

8e ÉDITION

Franck ATTELAN
Essec Business School, Directeur du Groupe Aurlom

Nicholas CHICHEPORTICHE
Sciences Po Bordeaux, Université Paris IV Sorbonne, Professeur à la Prépa Aurlom

Françoise MONTERO
Formatrice spécialisée en épreuves de synthèse

Olivier SARFATI
HEC Paris, Fondateur de MyPrepa.fr

SOMMAIRE

Le concours ACCÈS

1. Écoles du concours

Le concours ACCÈS est un concours post-bac qui regroupe trois écoles :

- ESDES
- ESSCA
- IESEG

2. Les épreuves écrites

Les épreuves écrites sont communes à toutes les écoles.

- Synthèse : 3 h
- Ouverture culturelle : 45 min
- Anglais : 45 min
- Raisonnement logique et mathématiques : 2 h

3. Les épreuves orales

Les épreuves orales sont spécifiques à chaque école.

École	Entretien	Anglais
ESDES	30 minutes	15 minutes
ESSCA	30 minutes	15 minutes
IESEG	45 minutes	20 minutes

4. Tableau des coefficients

École	ESDES	ESSCA	IESEG
Anglais	4	3	3
Synthèse	4	6	6
Ouverture culturelle	6	3	3
Raisonnement logique et mathématiques	6	8	8
Épreuves orales	– Entretien individuel (coef. 7) – Anglais (coef. 3)	– Entretiens (coef. 10) – Anglais (coef. 3)	– Entretien individuel (coef. 7,5) – Anglais (coef. 2,5)

1 RAISONNEMENT LOGIQUE ET MATHÉMATIQUES

PRÉSENTATION DE L'ÉPREUVE (2 heures)

L'objectif de l'épreuve « Raisonnement logique et Mathématiques » est d'évaluer l'aptitude des candidats à utiliser les concepts et outils mathématiques enseignés durant leurs études secondaires. Un accent particulier est mis sur l'application de ces notions à des contextes proches de la vie courante ou de la vie des entreprises. Le candidat devra démontrer sa capacité à modéliser les problèmes de manière à leurs apporter une solution grâce aux outils de logique, d'arithmétique ou de géométrie.

L'épreuve se décompose en 3 parties de 5 questions chacune.

▶ 1re partie : raisonnement logique

Le candidat mettra en œuvre des outils simples et adaptés à la résolution des exercices proposés.

Il devra faire preuve d'adaptation rapide d'une question à l'autre, les questions étant indépendantes.

▶ 2e partie : raisonnement mathématique

Dans cette partie plus classique, le candidat devra démontrer sa maîtrise des outils faisant partie du programme de mathématiques des filières générales du baccalauréat. Les questions y sont également indépendantes.

▶ 3e partie : problème mathématique

Dans cette partie, les questions peuvent être dépendantes. Le candidat pourra donc exploiter les résultats obtenus précédemment pour répondre aux questions suivantes.

1 Mathématiques

Mémento de logique

1. Vocabulaire

Soit P et Q deux propositions.

- « Si P est vraie alors Q est vraie » s'écrit « $P \Rightarrow Q$ ».
- « P est vraie si et seulement si Q est vraie » signifie « $P \Rightarrow Q$ » et « $Q \Rightarrow P$ » et s'écrit « $P \Leftrightarrow Q$ ». On dit aussi P équivalent à Q.
- « P et Q sont vraies » s'écrit « $P \wedge Q$ ».
- « P est vraie ou Q est vraie » s'écrit « $P \vee Q$ » et signifie « P est vraie ou Q est vraie ou P et Q sont tous les deux vraies » : on parle de « ou non exclusif ».
- La contraposée d'une proposition P se note $\overline{P}$ et représente le contraire de la proposition. Exemple : « J'ai chaud » a pour contraposée « Je n'ai pas chaud » (et non pas « j'ai froid »…)

2. Règles logiques

La contraposée de « $P \Rightarrow Q$ » est « $\overline{Q} \Rightarrow \overline{P}$ ».

Exemple : « Si j'ai gagné au loto alors je suis riche » a pour contraposée « si je ne suis pas riche alors je n'ai pas gagné au loto » (et non pas « si je n'ai pas gagné au loto alors je ne suis pas riche »)

Propriété : « $P \Rightarrow Q$ » est équivalent à « $\overline{Q} \Rightarrow \overline{P}$ ».

Loi de Morgan :

- $\overline{P \vee Q} = \overline{P} \wedge \overline{Q}$
- $\overline{P \wedge Q} = \overline{P} \vee \overline{Q}$

Transitivité : Si « $P \Rightarrow Q$ » et « $Q \Rightarrow R$ » alors « $P \Rightarrow R$ ».

Démonstration par l'absurde : pour montrer qu'une proposition P est vraie, on la suppose fausse et on montre par déductions successives qu'on aboutit à une contradiction (ou absurdité). Ainsi P est vraie.

2 Mathématiques

Généralités sur les fonctions et limites de fonctions

1. Variation, opérations et extremums

- f croissante si $x \leq y \Rightarrow f(x) \leq f(y)$
- f décroissante si $x \leq y \Rightarrow f(x) \geq f(y)$
- c maximum de f si $f(x) \leq f(c)$
- d minimum de f si $f(d) \leq f(x)$

Si f et g ont les mêmes sens de variation alors $f + g$ aussi.

$k > 0$: f et kf ont les mêmes sens de variation.

$k < 0$: f et kf ont des sens de variation opposés.

2. Théorème des valeurs intermédiaires

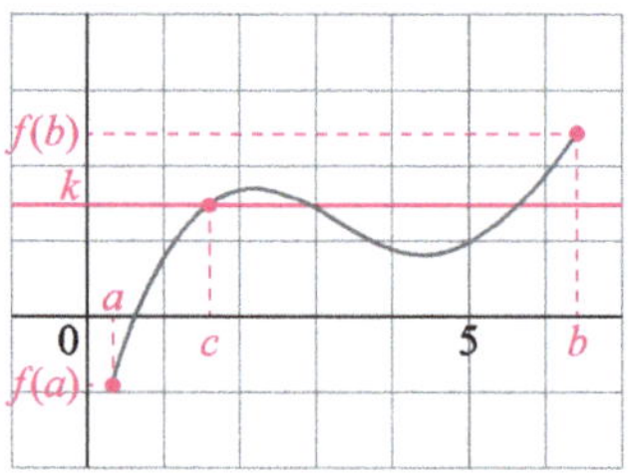

Théorème des valeurs intermédiaires :

f continue, a et b deux réels $\Rightarrow$ Pour tout k compris entre $f(a)$ et $f(b)$, il existe au moins un réel c tel que $f(c) = k$.

À quoi sert ce théorème ?

Prouver qu'une valeur est atteinte par la fonction f. Si f est monotone (strictement croissante ou décroissante) alors le réel c est unique !

3. Propriétés de l'exponentielle et logaritme

Exponentielle fonction strictement croissante

$e^{x+y} = e^x e^y$	$e^{-x} = \frac{1}{e^x}$	$(e^x)^n = e^{nx}$
$(e^x)' = e^x$	$e^0 = 1$ $e \approx 2{,}718$	$e^x > 0$

Logarithme fonction strictement croissante

$\ln(xy) = \ln(x) + \ln(y)$		$\ln\left(\frac{1}{x}\right) = -\ln(x)$
$\ln(x^n) = n.\ln(x)$	$\ln(x)' = \frac{1}{x}$	$\ln(1) = 0$

- Pour tout $x \in \,]0\,;+\infty[$, $e^{\ln(x)} = x$
- Pour tout $x \in \mathbb{R}$, $\ln(e^x) = x$

4. Trigonométrie – formules difficiles à retenir

$\cos(a-b) = \cos a \cos b + \sin a \sin b$	$\cos(a+b) = \cos a \cos b - \sin a \sin b$
$\sin(a-b) = \sin a \cos b - \cos a \sin b$	$\sin(a+b) = \cos a \sin b - \sin a \cos b$
$\cos x^2 + \sin x^2 = 1$	$\cos\left(x + \frac{\pi}{2}\right) = \sin x$
$\cos x = \cos -x$	$-\sin x = \sin -x$
$\cos x^2 = \frac{1+\cos 2x}{2}$	$\sin x^2 = \frac{1-\cos 2x}{2}$
$\cos 2x = 2\cos x^2 - 1$	$\sin 2x = 2 \sin x \cos x$

5. Informations complémentaires

- **Fonctions paires :** $f(x) = f(-x)$
- **Fonctions impaires :** $-f(x) = f(-x)$
- **Fonctions périodiques :** $f(x + \mathrm{T}) = f(x)$

6. Présentation des différentes situations face à une limite

On considère α un réel ou $\pm\infty$.

L et L' sont non nuls.

Si…										
$\lim\limits_{x\to\alpha} f(x) =$	L	$L<0$	$L>0$	$+\infty$	$-\infty$	$+\infty$	$+\infty$	0^+	$-\infty$	0
$\lim\limits_{x\to\alpha} g(x) =$	L'	$+\infty$	$-\infty$	$+\infty$	$-\infty$	$+\infty$	$-\infty$	$+\infty$	0^+	0
…Alors										
$\lim\limits_{x\to\alpha} (f+g)(x) =$	L+L'	$+\infty$	$-\infty$	$+\infty$	$-\infty$	$+\infty$	?	$+\infty$	$-\infty$	0
$\lim\limits_{x\to\alpha} (fg)(x) =$	L.L'	$-\infty$	$-\infty$	$+\infty$	$+\infty$	$+\infty$	?	?	?	0
$\lim\limits_{x\to\alpha} \left(\frac{f}{g}\right)(x) =$	$\frac{L}{L'}$	0	$-\infty$	?	?	?	?	0	$-\infty$	?

Les points d'interrogations correspondent à des **formes indéterminées** : on ne peut pas connaître le résultat (il faut modifier la forme des expressions pour se ramener à une situation qu'on maîtrise).

7. Théorèmes et limites à connaître

Théorème d'encadrement :

Si $a(x) \leq f(x) \leq b(x)$ et $\lim\limits_{x\to\alpha} a(x) = \lim\limits_{x\to\alpha} b(x) = L$, alors $\lim\limits_{x\to\alpha} f(x) = L$

Théorème de comparaison :

Si $f(x) \leq g(x)$, $\lim\limits_{x\to\alpha} f(x) = L$ et $\lim\limits_{x\to\alpha} g(x) = L'$, alors $L \leq L'$

Limites usuelles :

$$\lim_{x\to-\infty} x^n e^x = 0 \qquad \lim_{x\to+\infty} \frac{e^x}{x^n} = +\infty \qquad \lim_{x\to 0^+} x^n \ln(x) = 0 \qquad \lim_{x\to+\infty} \frac{\ln(x)}{x^n} = 0$$

8. Asymptotes

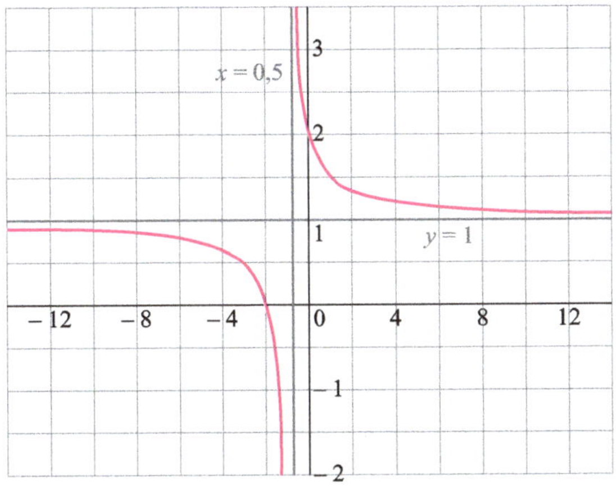

- C_f a une **asymptote horizontale** $y = L$ en ∞ si $\lim\limits_{x \to \infty} f(x) = L$ (en $+\infty$ ou $-\infty$)
- C_f a une **asymptote verticale** $x = l$ en a si $\lim\limits_{x \to a} f(x) = \pm\infty$

9. Que faire face à une forme indéterminée ?

- *En cas de quotient :* factoriser par le terme de plus haut degré (celui qui impose la limite !) au numérateur et dénominateur pour les simplifier.
- *En cas de produit :* chercher à développer l'expression au maximum !
- *Dans les autres cas :* utiliser les limites usuelles pour se ramener à une situation connue, ou utiliser les théorèmes d'encadrement (majoration – minoration) par une fonction dont la limite est connue. Parfois, la fonction est un **taux d'accroissement** caché (fonctions trigonométriques, exponentielles ou logarithmes !), donc la limite en a n'est que la dérivée de la fonction en a !

Exemples :

$$\lim_{x \to +\infty} \frac{4x^3 + 2x - 2}{7x^2 - 2x - 1} = \lim_{x \to +\infty} \frac{x^3\left(4 + 2\frac{1}{x^2} - 2\frac{1}{x^3}\right)}{x^2\left(7 - \frac{2}{x} - \frac{1}{x^2}\right)} = \lim_{x \to +\infty} \frac{4}{7}x = +\infty$$

$$\lim_{x \to +\infty} \frac{e^x - 1}{x} = (e^x)'(0) = 1$$

3 Mathématiques

Dérivation

1. Dérivation en un point et tangente

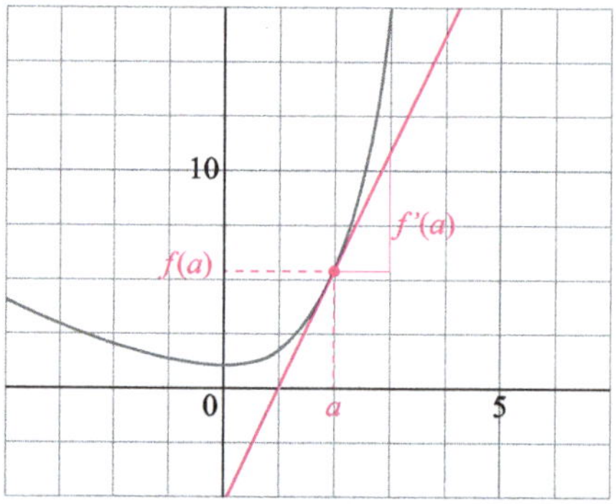

- Dérivée en un point : limite du taux d'accroissement en a :

$$f'(a) = \lim_{h \to 0} \frac{f(a+h) - f(a)}{h} = \lim_{x \to a} \frac{f(x) - f(a)}{x - a}$$

- Équation de la tangente en a :

$$T_a : y = f'(a) \times (x - a) + f(a)$$

2. Les dérivés à retenir absolument

f	f'
$\sqrt{u}$	$\dfrac{u'}{2\sqrt{u}}$
e^u	$u'e^u$
$\ln(u)$	$\dfrac{u'}{u}$
$\cos(x)$	$-\sin(x)$
$\sin(x)$	$\cos(x)$

3. Opérations classiques sur les dérivées

f	f'
$k.u$	$k.u'$
$u+v$	$u'+v'$
uv	$u'v+v'u$
$\dfrac{u}{v}$	$\dfrac{u'v-v'u}{v^2}$
$u(v(x))$	$v'(x) \times u'(v(x))$

4. À quoi servent les dérivées ?

- Connaître l'équation de la tangente en un point d'une courbe.

- Connaître la variation de la fonction f :
  - $f'(x) > 0 \Rightarrow f$ croissante
  - $f'(x) < 0 \Rightarrow f$ décroissante
  - $f'(x) = 0 \Rightarrow f$ constante

- Connaître les extremums d'une fonction :

  Si f' s'annule en changeant de signe en a, $f(a)$ extremum local de la fonction.

4 Mathématiques

Les suites

1. Deux manières de définir une suite

Définition explicite	Définition par récurrence
$u_n = f(n)$	$u_{n+1} = f(u_n)$ avec u_0 connu

2. Suites arithmétiques et géométriques

	Suites arithmétiques	Suites géométriques
Définition par récurrence	$u_{n+1} = u_n + a$	$u_{n+1} = q \times u_n$
Définition explicite	$u_n = u_0 + n \times a$	$u_n = u_0 \times q^n$
Somme	$u_0 + \ldots + u_n = \dfrac{(u_0 + u_n) \times (n+1)}{2}$	$u_0 + \ldots + u_n = \dfrac{1 - q^{n+1}}{1 - q}$

Suite arithmétique	Variation	Limite
Si $a \geq 0$	Croissante	$+\infty$
Si $a \leq 0$	Décroissante	$-\infty$

Suite géométrique :

- $q > 1 \Rightarrow (u_n)$ diverge
- $|q| < 1 \Rightarrow \lim\limits_{n \to \infty} u_n = 0$
- $q < -1 \Rightarrow$ suite alternée, pas de limite !

3. Variations

Croissante : $u_n \leq u_{n+1}$ Décroissante : $u_{n+1} \leq u_n$ Constante : $u_{n+1} = u_n$

- $u_n = f(n)$: on étudie les variations de f sur $\mathbb{R}$*
- $u_{n+1} = f(u_n)$:
  - On compare $u_{n+1} - u_n$ à 0 si la suite est une somme de termes.
  - On compare $\frac{u_{n+1}}{u_n}$ à 1 si la suite est un quotient.

4. Encadrement

Majorée : $u_n \leq \mathrm{M}$ Minorée : $m \leq u_n$

- Théorème de la limite monotone :

  (u_n) minorée et décroissante $\Rightarrow$ (u_n) admet une limite finie

  (u_n) majorée et croissante $\Rightarrow$ (u_n) admet une limite finie

- Théorème d'encadrement :

  $v_n \leq u_n \leq w_n$ et $\lim\limits_{n\to\infty} v_n = \lim\limits_{n\to\infty} w_n = l \Rightarrow \lim\limits_{n\to\infty} u_n = l$

5 Mathématiques

Dénombrement, probabilités et statistiques

1. P-listes avec remise

Déterminez tous les nombres à trois chiffres, tels que ces chiffres soient tous compris entre 1 et 4 :

- E = {1, 2, 3, 4}

  Il y a donc 4 possibilités pour le premier tirage.
  De même pour les deux autres.
  Nous avons donc 4 × 4 × 4 = 64 possibilités !

$$\text{Tirages} = n^p$$

2. Permutations

Une permutation est un tirage SANS remise. On l'appelle également anagramme.

- Lorsque tous les éléments sont différents, alors :

$$P = n!$$

- Lorsque des éléments sont identiques, alors :

$$P = \frac{n!}{n_1! \times n_2! \times ... \times n_k!}$$

CHIEN : $P = 5 \times 4 \times 3 \times 2 = 120$ anagrammes

CHIENNE : 2 N et 2 E → $P = \frac{7 \times 6 \times 5 \times 4 \times 3 \times 2}{2! \times 2!} = 1\,260$

ARRETER : 3 R et 2 E → $P = \frac{7 \times 6 \times 5 \times 4 \times 3 \times 2}{3! \times 2!} = 420$

3. Arrangements

Il s'agit d'une liste **sans répétition**, mais composée de ***p* éléments**, avec *p* inférieur ou égal à *n*. Les éléments de la liste sont distincts.

$$A_n^p = \frac{n!}{(n-p)!}$$

$$= n \times (n-1) \times (n-2) \times ... \times (n-p+1)$$

- Application : nombre de tiercés possibles **dans l'ordre**.

4. Combinaisons

Contrairement aux arrangements, l'ordre n'a ici plus d'importance. On appelle combinaison de p éléments de E_n un sous-ensemble de p éléments de E_n, distincts entre eux.

$$C_n^p = \frac{n!}{p!(n-p)!}$$

▶ Application :

On désire constituer un jury composé de 2 experts-comptables et 5 avocats. On peut choisir les membres du jury parmi 6 experts comptables et 7 avocats. De combien de façons peut-on constituer le jury en sachant que n'importe quel expert-comptable et n'importe quel avocat peut être choisi ?

A. 420 B. 380 C. 315 D. 210 E. 180

Il y a C_6^2 combinaisons de 2 experts-comptables pris parmi 6, puis pour chacune de ces combinaisons, C_7^5 combinaisons de 5 avocats pris parmi 7… soit : $C_6^2 \times C_7^5$ façons de constituer un jury composé de 2 experts-comptables et 5 avocats.

Ce qui donne : $\frac{6!}{2!4!} \times \frac{7!}{5!2!} = \frac{6 \times 5}{2} \times \frac{7 \times 6}{2} = 3 \times 5 \times 7 \times 3 = 15 \times 21 = 315$ combinaisons.
Réponse C.

5. Modèles d'urnes

Imaginons une urne contenant n boules numérotées de 1 à n (chacune des boules s'interprète comme un élément de E_n) et supposons que nous tirons p boules dans cette urne. Voici les 3 modèles d'urnes les plus classiques :

Tirages successifs et avec remise

On tire au hasard une boule dans l'urne, puis on la remet dans l'urne avant d'opérer le tirage suivant. Si on effectue p tirages avec remise entre chaque tirage, le résultat global s'interprète comme une p-liste et il y a donc n^p tirages avec remise (de p éléments) possibles.

Tirages successifs et sans remise

On tire au hasard une boule dans l'urne que l'on conserve : la boule n'est donc pas remise dans l'urne qui contient ainsi après chaque tirage une boule de moins. Si on effectue ainsi p tirages sans remise (p inférieur ou égal à n), le résultat global s'interprète comme une p-liste d'éléments deux à deux distincts ou encore comme un arrangement de p éléments de E_n. Il y a donc A_n^p tirages sans remise (de p éléments) possibles.

Tirages simultanés

On tire simultanément p boules de l'urne (l'ordre de tirages des boules est donc sans importance). Un tel tirage s'interprète comme un sous-ensemble de E_n et donc comme une combinaison de p éléments de E_n. Il y a donc C_n^p tirages simultanés (de p éléments) possibles.

6. Notions essentielles

Conditionnement (A sachant B)	Événements A et B indépendants
$P_A(B) = \frac{P(A \cap B)}{P(A)}$	$P(A \cap B) = P(A) \times P(B)$

Union d'événements (A union B)	Probabilité $\overline{A}$ (« Non A »)
$P(A \cup B) = P(A) + P(B) - P(A \cap B)$	$P(\overline{A}) = 1 - P(A)$

On considère la loi définie par le tableau suivant :

x_i	x_1	x_2	…	x_n
$P(X = x_i)$	P_1	P_2	…	P_n

Espérance	Variance	Écart-type
$E(X) = \sum_{i=1}^{n} x_i p_i$ $E(aX + b) = aE(X) + b$	$V(X) = \sum_{i=1}^{n} p_i(x_i - E(X))^2$ $V(aX + b) = a^2V(X)$	$\sigma(X) = \sqrt{V(X)}$

Loi des probabilités totales :

Si l'univers Ω est décomposé en n événements E_n, alors :

$$P(A) = P(A \cap E_1) + P(A \cap E_2) + \ldots + P(A \cap E_n)$$

Densité de probabilité :

f positive et continue sur $[a\,;+\infty[$ telle que $\lim_{x \to +\infty} \int_a^x f(t)dt = 1$, ainsi $P([a\,;b]) = \int_a^b f(t)dt$

7. Loi de probabilités discrètes classiques

Loi de Bernoulli	Loi binomiale
Tableau de Bernoulli de paramètre p : x_i : 1 ; 0 $P(X = x_i)$: p ; $1 - p$	Loi binomiale $B(n, p)$ ⇔ Loi de Bernoulli de paramètre p répétée n fois : $P(X = k) = \binom{n}{k} p^k (1 - p)^{n-k}$
$E(X) = p$	$E(X) = n \times p$
$V(X) = p(1 - p)$	$V(X) = n \times p \times (1 - p)$

8. Loi de probabilités continues classiques

Loi uniforme sur $[a ; b]$	Loi exponentielle de paramètre λ	Loi normale centrée réduite N(0 ; 1)
$f(x) = \dfrac{1}{b - a}$	$f(t) = \lambda e^{-\lambda t}$ sur $\mathbb{R}^+$	$f(x) = \dfrac{1}{\sqrt{2\pi}} e^{-x^2/2}$ sur $\mathbb{R}$
$P(c \leq X \leq d) = \dfrac{d - c}{b - a}$	$P(a \leq X \leq b) = \int_a^b f(t)dt$	$P(X \leq a) = \int_{-\infty}^{a} f(x)dx$
$E(X) = \dfrac{a + b}{2}$	$P(X \leq a) = \int_0^a f(t)dt = 1 - e^{-\lambda a}$	$E(X) = 0$; $V(X) = 1$

Loi normale générale N(μ ; σ²) :

Si X suit la loi normale générale, alors $Y = \dfrac{X - \mu}{\sigma}$ suit la loi normale centrée réduite. $E(X) = \mu$ et $V(X) = \sigma^2$.

9. Estimateurs

Intervalle de confiance à 95 %	Intervalle de fluctuation à 95 %
Loi : Expérience de Bernoulli. On note f_n, fréquence d'apparition du succès après n répétitions indépendantes. Si $n \geq 30$, $nf_n \geq 5$ et $n(1 - f_n) \geq 5$, Alors $p \in \left[f_n - \dfrac{1}{\sqrt{n}} ; f_n + \dfrac{1}{\sqrt{n}} \right]$	**Loi :** Loi Binomiale $B(n, p)$ Fréquence d'apparition d'un caractère dans un échantillon aléatoire. Si $n \geq 30$, $np \geq 5$, $n(1 - p) \geq 5$, $f_n \in \left[p - 1{,}96 \dfrac{\sqrt{p(1-p)}}{\sqrt{n}} ; p + 1{,}96 \dfrac{\sqrt{p(1-p)}}{\sqrt{n}} \right]$

6 Mathématiques

Géométrie

Vocabulaire à connaître

Le cercle

Le **cercle** est une courbe fermée constituée de points situés à égale distance ***r*** (nommé « **rayon** ») d'un point nommé « **centre** ». Il existe une infinité de cercles pour un même centre. La longueur **2*r*** est appelée « **diamètre du cercle** ». Un **arc de cercle** est la portion d'un cercle, définie par un angle ***a***.

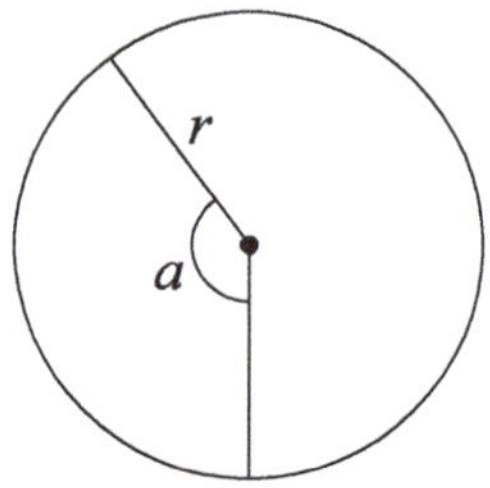

Le triangle

Le **triangle** est une figure à 3 côtés. La somme des 3 angles vaut 180°.

- **Triangle rectangle (1) :** triangle possédant un angle droit (90°). Le plus long côté est l'**hypoténuse**.
- **Triangle isocèle (2) :** triangle dont 2 côtés et 2 angles sont égaux.
- **Triangle équilatéral (3) :** triangle ayant 3 côtés et 3 angles égaux (60°).

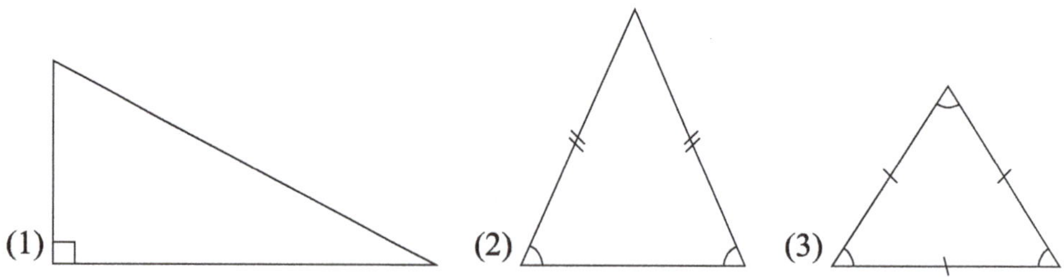

Le quadrilatère

Le **quadrilatère** est une figure à 4 côtés :

- **Trapèze (1) :** quadrilatère possédant 2 côtés opposés parallèles.
- **Parallélogramme (2) :** quadrilatère dont les côtés opposés sont parallèles deux à deux. Les diagonales du parallélogramme se coupent en leur milieu.
- **Losange (3) :** parallélogramme dont les diagonales sont perpendiculaires et se coupent en leur milieu.
- **Rectangle (4) :** quadrilatère possédant 4 angles droits (90°). Les diagonales du rectangle se coupent en leur milieu.
- **Carré (5) :** quadrilatère possédant 4 angles droits (90°) et 4 côtés égaux. Un carré est à la fois un rectangle et un losange.

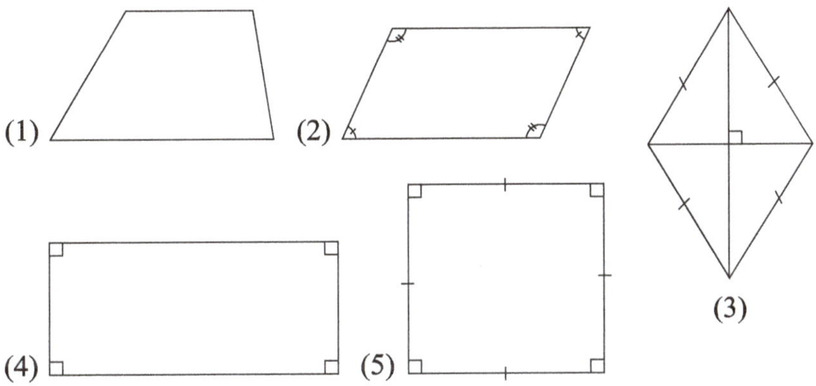

Autres figures

- **Pentagone :** figure à 5 côtés.
- **Pentagone régulier (1) :** pentagone possédant 5 côtés égaux.
- **Hexagone :** figure à 6 côtés.
- **Hexagone régulier (2) :** hexagone possédant 6 côtés égaux.
- **Heptagone :** figure à 7 côtés.
- **Heptagone régulier (3) :** heptagone possédwant 7 côtés égaux.
- **Octogone :** figure à 8 côtés.
- **Octogone régulier (4) :** octogone possédant 8 côtés égaux.

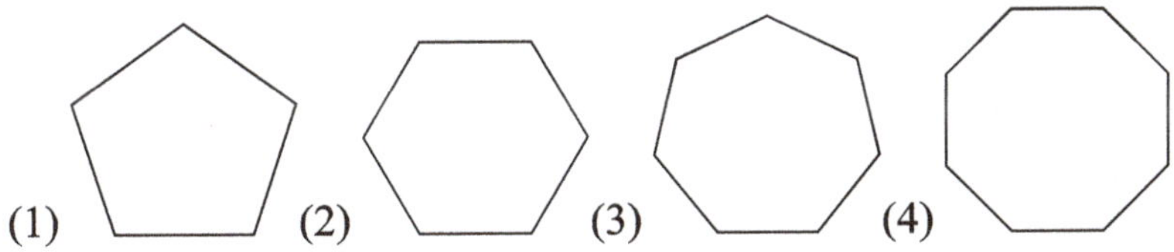

Autre vocabulaire

- **Médiatrice :** droite coupant perpendiculairement un segment en son milieu.

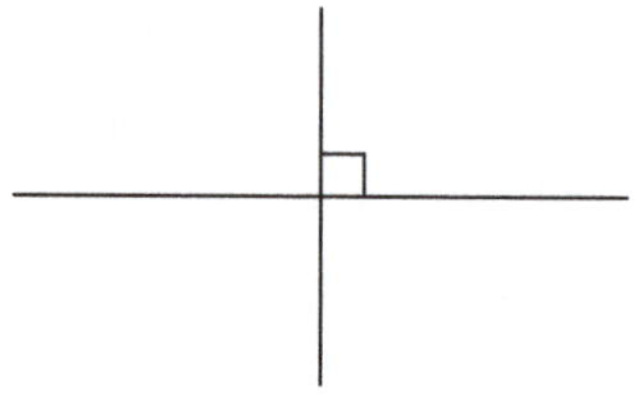

- **Bissectrice :** droite coupant un angle en 2 angles égaux.

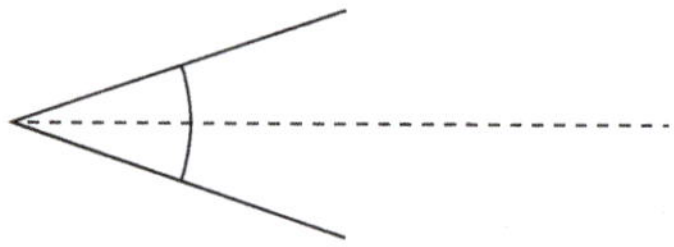

Périmètres (P) et aires (A)

Carré de côté c :

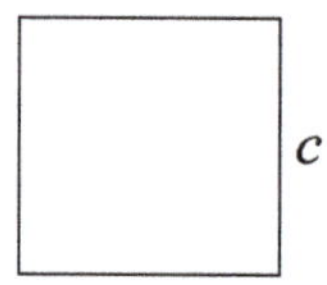

- Périmètre = $4c$
- Aire = c^2

Rectangle de longueur L et de largeur l :

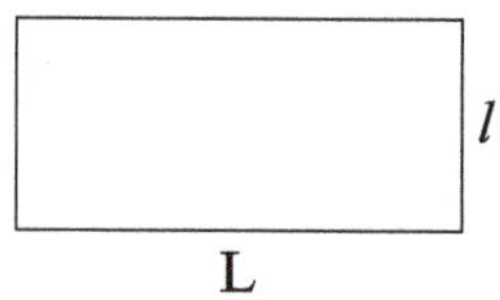

- Périmètre = $2(\mathbf{L} + l)$
- Aire = $\mathbf{L} \times l$

Triangle de base b et de hauteur h :

- Périmètre = somme des 3 côtés
- Aire = $\dfrac{base \times hauteur}{2}$

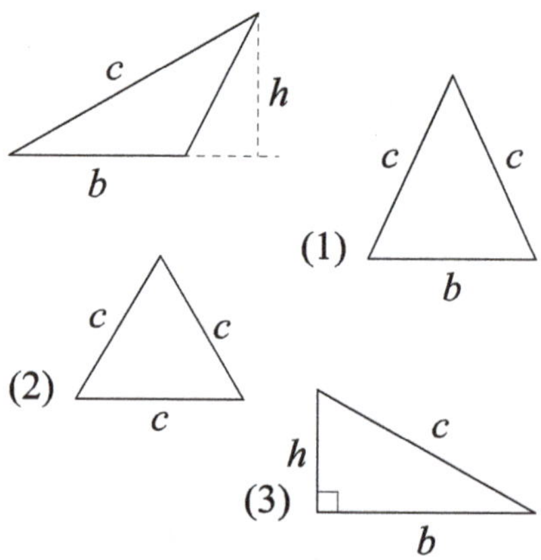

⚠ **ATTENTION**

Triangle isocèle (1) : périmètre = base + $2c$

Triangle équilatéral (2) : périmètre = $3c$

Triangle rectangle (3) : aire = $\dfrac{b \times h}{2}$

Parallélogramme de base b et de hauteur h :

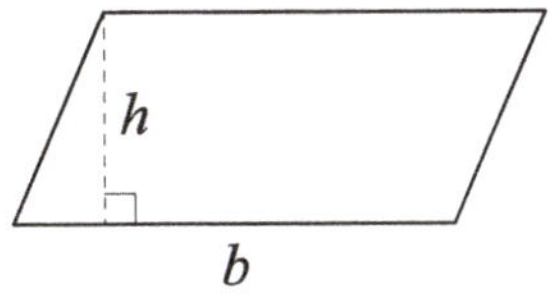

- Périmètre = somme des 4 côtés
- Aire = base × hauteur

Trapèze de grande base **B**, de petite base b et de hauteur h :

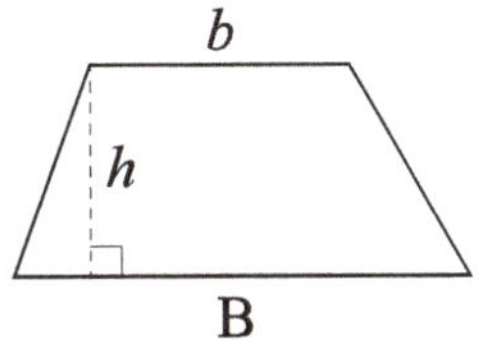

- Périmètre = somme des 4 côtés
- Aire $= \frac{(B+b) \times h}{2}$

Cercle de rayon r :

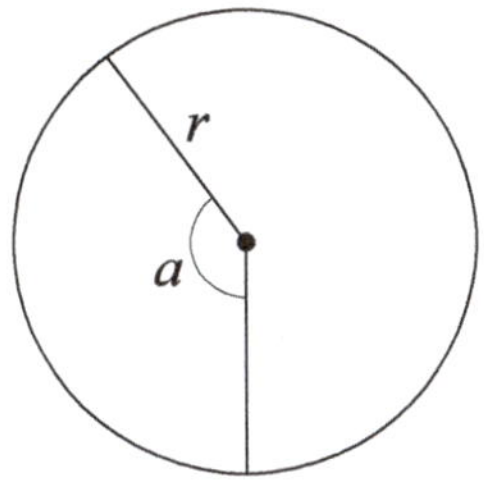

- Périmètre = $2 \times \pi \times r$
- Aire = $\pi \times r^2$

Arc de cercle de rayon r et d'angle a :

- Périmètre = $2 \times \pi \times r \times \frac{a}{360}$
- Aire d'une portion de disque = $\pi \times r^2 \times \frac{a}{360}$

Losange de côté c, de petite diagonale d et de grande diagonale **D** :

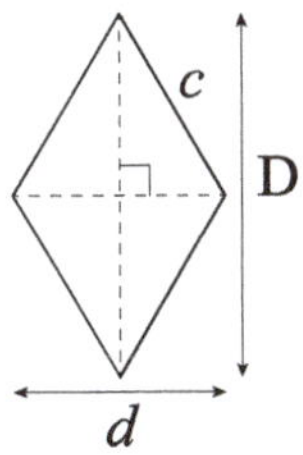

- Périmètre = 4c
- Aire $= \frac{d \times D}{2}$

Volumes et aires latérales

L'**aire latérale** d'une figure correspond à la **somme des aires de tous les côtés de la figure**.

Parallépipède rectangle (pavé droit)

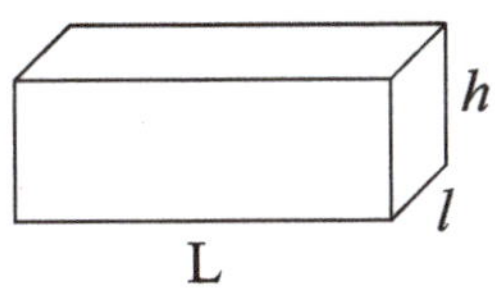

- Volume = $L \times l \times h$
- Aire latérale = $2 \times (L \times l + l \times h + L \times h)$

Cube (côté ***c***) :

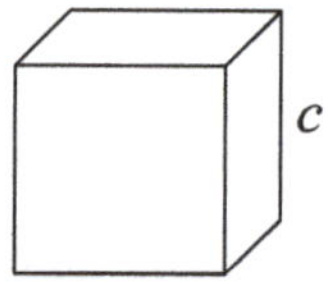

- Volume = c^3
- Aire latérale = $6c^2$

Cône (hauteur ***h*** et rayon ***r***) :

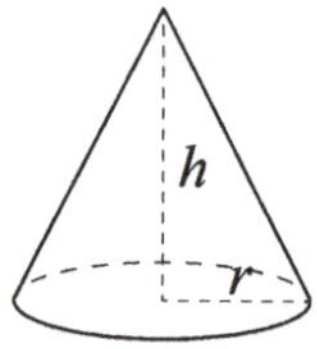

- Volume = $1/3 \times \pi \times r^2 \times h$

Sphère (rayon ***r***) :

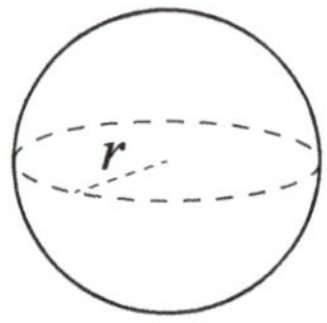

- Volume = $4/3 \times \pi \times r^3$
- Aire latérale = $4 \times \pi \times r^2$

Cylindre (hauteur ***h*** et rayon ***r***) :

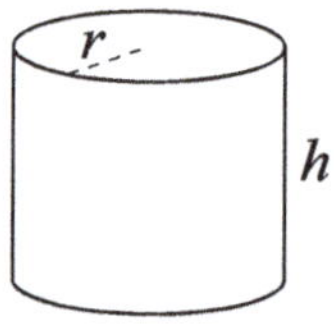

- Volume = $\pi \times r^2 \times h$
- Aire latérale = $2\pi \times r \times h$

Théorèmes de Pythagore et de Thalès

Théorème de Pythagore

Dans un triangle rectangle, le carré de la longueur de l'hypoténuse est égal à la somme des carrés des longueurs des deux autres côtés. La formule du théorème est donc : ***a*2 + *b*2 = *c*2.**

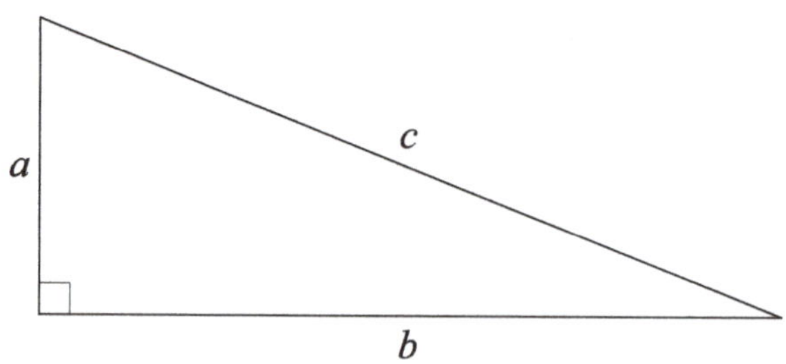

Réciproque du théorème de Pythagore : si *a*2 + *b*2 = *c*2, alors le triangle est rectangle.

ASTUCE 4 triangles pythagoriciens (les longueurs sont des entiers naturels) qui sont à connaître par cœur :

- $a = 3, b = 4, c = 5$
- $a = 6, b = 8, c = 10$
- $a = 5, b = 12, c = 13$
- $a = 8, b = 15, c = 17$

ASTUCE Dans un triangle équilatéral, la longueur d'un seul côté permet de déduire la totalité des données du triangle en appliquant le théorème de Pythagore.

Théorème de Thalès

Le théorème de Thalès affirme que, dans un plan, toute droite **parallèle** à l'un des côtés d'un triangle sépare ce dernier en un triangle de **proportions identiques**. La formule du théorème est donc :

$$\frac{AC}{AD} = \frac{AB}{AE} = \frac{CB}{DE} \qquad \frac{BC}{AD} = \frac{EC}{EA} = \frac{BE}{ED}$$

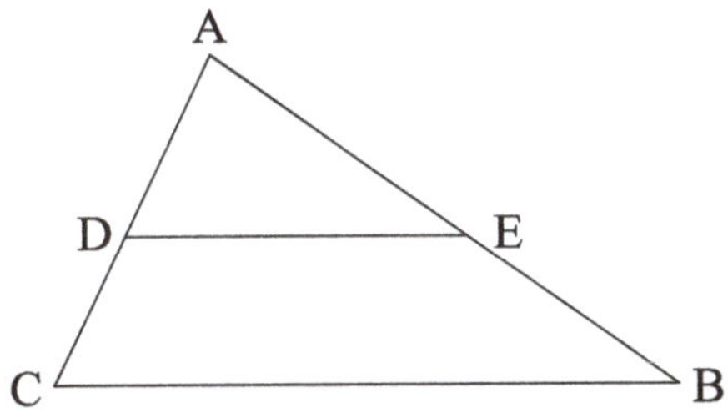

ou

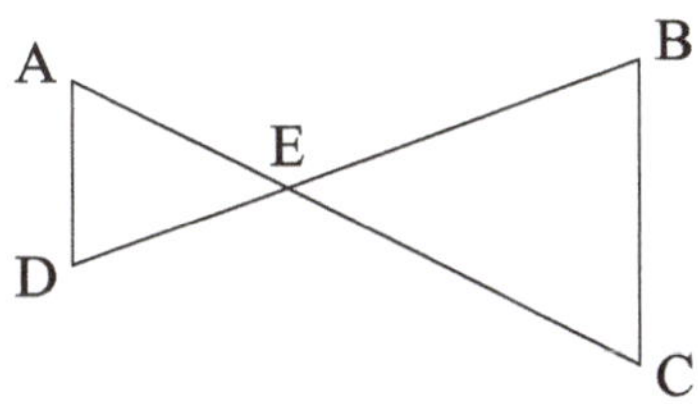

Propriétés géométriques et astuces

Les angles alternes internes

Si deux droites parallèles sont toutes les deux coupées par une même autre droite, les angles formés sont égaux deux à deux ($x_1 = x_2, x_3 = x_4, x_5 = x_6, x_7 = x_8$).

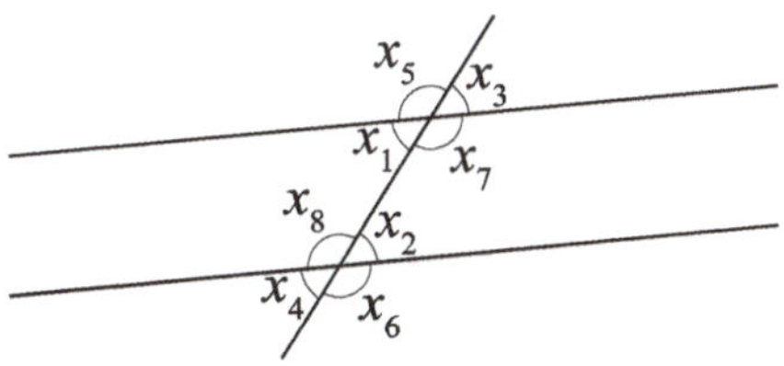

Les angles opposés par le sommet

Lorsque deux droites se croisent, elles forment des angles opposés par le sommet et égaux deux à deux ($x_1 = x_2$, $x_3 = x_4$).

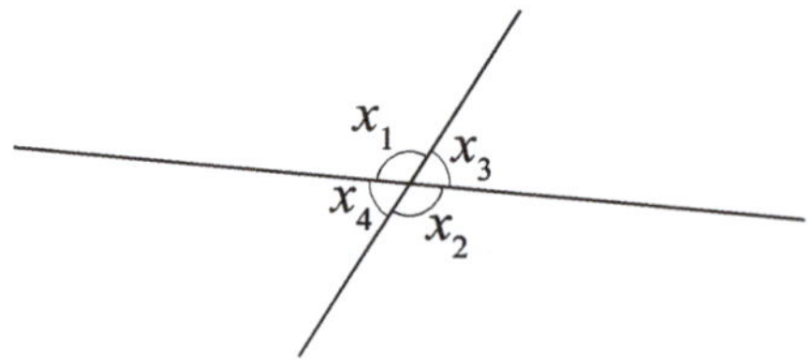

Triangle inscrit dans un cercle

Tout **triangle inscrit dans un cercle** (*i.e.* que les 3 sommets se trouvent sur le contour du cercle) et dont un des côtés est le diamètre est un **triangle rectangle**.

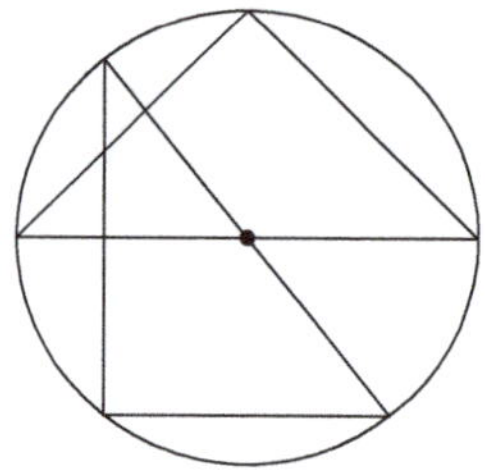

Hauteur et arête d'un cube

Dans un cube :

► 1 côté d'une face (= carré) = 1 arête.

► Soit X la longueur d'un côté d'une face, alors la diagonale (= **bissectrice** : droite qui coupe l'angle en 2 angles égaux) d'une face = $\mathbf{X\sqrt{2}}$

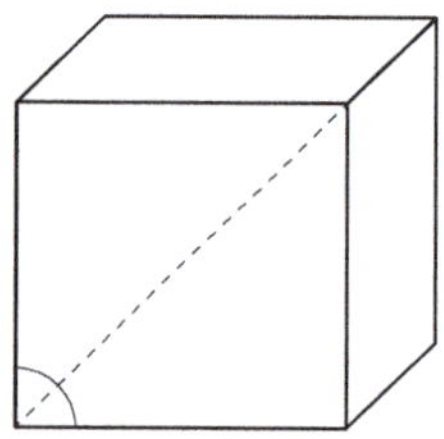

Triangle rectangle = 1/2 rectangle

Un triangle rectangle correspond à la moitié d'un rectangle.

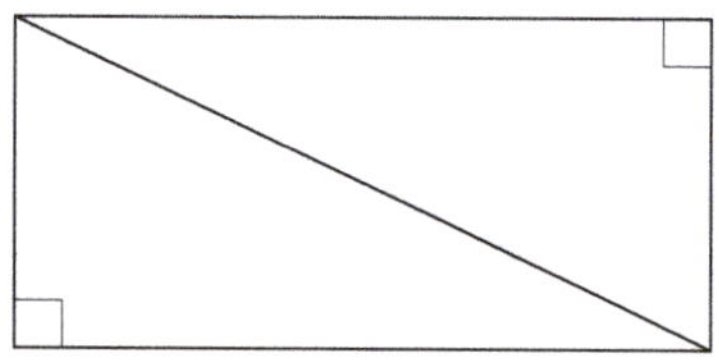

Triangle équilatéral

Toutes les données d'un triangle équilatéral (aire, périmètre, hauteur, médiane, bissectrice, médiatrice, etc.) **sont déductibles** avec le théorème de Pythagore si vous connaissez **la longueur d'un côté**.

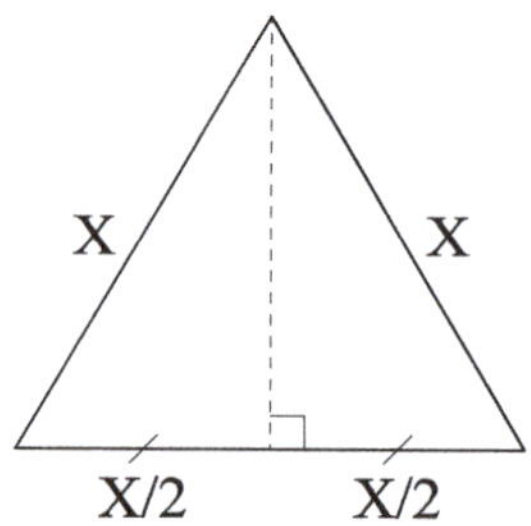

Hexagone régulier

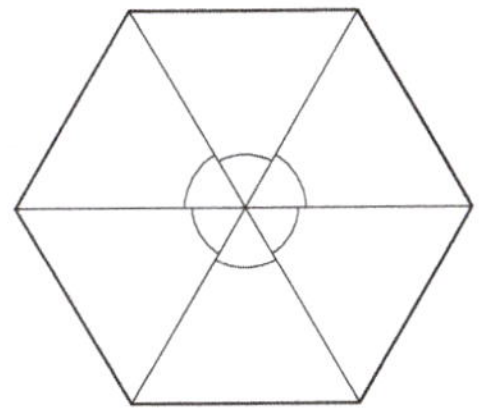

- La somme des angles est égale à 720°.
- Un hexagone régulier est composé de 6 triangles équilatéraux.
- Les angles opposés sont égaux.

Triangle isocèle ou équilatéral

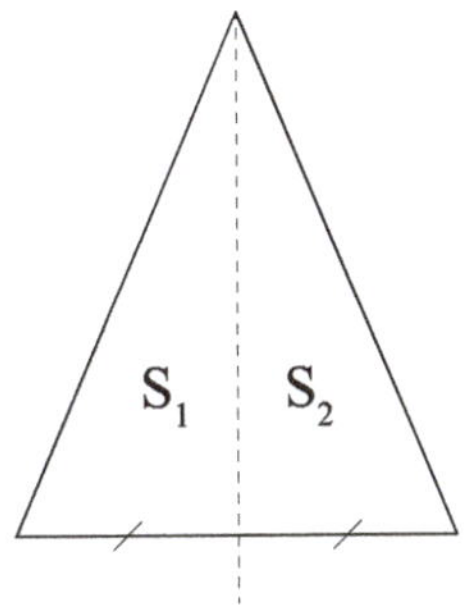

Dans un triangle isocèle ou équilatéral, l'**aire** de la partie à gauche de la bissectrice d'un angle (**S_1**) est **identique** à l'aire de la partie à droite (**S_2**).

Cercle inscrit dans un triangle rectangle

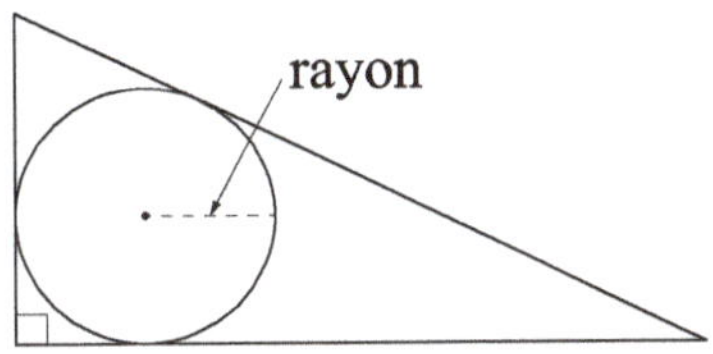

Pour calculer la longueur du rayon d'un cercle inscrit dans un triangle rectangle, appliquez la formule suivante :

$$\text{Rayon} = \frac{2 \times \text{Surface du triangle}}{\text{Périmètre du triangle}}$$

7 Mathématiques

Vitesses, temps, distances

Trois lettres : V, T et D

On considère les trois variables suivantes :

- **V**, la vitesse d'un objet pendant une durée **T** pour parcourir une distance **D**.
- **T**, le temps/la durée mis par l'objet pour parcourir une distance **D** à la vitesse **V**.
- **D**, la distance parcourue par objet à une vitesse **V** pendent un temps/une durée **T**.

Les problèmes VTD s'appuient sur **les trois formules suivantes** :

(1) V = D/T **(2) D = V × T** **(3) T = D/V**

Dans chaque problème, posez-vous d'abord la question suivante : quelle est précisément la variable que je cherche ?

- Si vous cherchez une vitesse, utilisez la formule (1).
- Si vous cherchez une distance, utilisez la formule (2).
- Si vous cherchez un temps, utilisez la formule (3).

Ensuite, **soyez toujours attentifs aux unités** avant d'utiliser ces formules, et assurez-vous toujours que les unités soient bien homogènes (identiques) au sein de la formule. Par exemple, si la vitesse est exprimée en km/h, alors le temps doit être exprimé en heures et la distance en kilomètres.

- Exemples :

1. Un avion reliant Paris à New York a parcouru la distance de 5 200 km en 6 heures et 30 minutes. Quelle a été sa vitesse de vol ?

Réponse : ici, vous cherchez une vitesse et vous devez donc bien sûr appliquer la formule :
V = D/T = 5 200 km / 6,5 h = 800 km/h. Attention ! 6 h 30 = 6,5 h… Pas 6,3 h (erreur fréquente).

2. Un marcheur parcourt 13 km à la vitesse de 4 km/h. Combien de temps a-t-il mis pour parcourir cette distance ?

Réponse : on remplace tout simplement la distance et la vitesse dans la formule :
T = D/V = 13 km / 4 km/h = 3,25 h = 3 h 15 min.

3. Une voiture roule pendant 2 h 20 min à 90 km/h. Quelle distance a-t-elle parcourue ?

Réponse : vous devez convertir les minutes en heures (ici 2 h 20 = 7/3 h) puis appliquer la formule :
D = V × T = 7/3 h × 90 km/h = 210 km.

Conversion des km/h en m/s

Voici une astuce très utile :

- Pour passer des m/s aux km/h, on multiplie les m/s par le coefficient 3,6.
- Pour passez des km/h aux m/s, on divise les km/h par le coefficient 3,6.

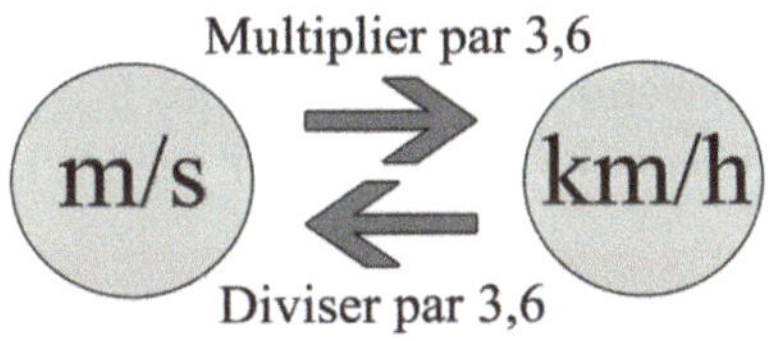

Le tableau VTD

Le tableau VTD est un outil très utile pour simplifier la compréhension d'un énoncé. Il n'est pas obligatoire pour résoudre une question, mais il s'avère souvent utile pour celles et ceux qui ont besoin de « tout mettre à plat ». Voici ce tableau :

	V	*T*	*D*
Acteur 1	V_1	T_1	D_1
Acteur 2	V_2	T_2	D_2

Ce tableau VTD nous servira dans les parties suivantes.

Les grands classiques du Tage Mage

Le cas de rattrapage

Deux objets quittent le même lieu à deux moments différents et avec deux vitesses différentes. Ils se dirigent vers le même endroit. L'un des objets est parti en avance et le second rattrape le premier, grâce à une vitesse supérieure. **Dans un cas de rattrapage, vous devez appliquer l'équation clé :**

$$D_1 = D_2$$

▶ Exemple :

> Jeanne part en voiture de la ville A en direction de la ville B à 12 h à la vitesse de 48 km/h. A 13 h, Jean part de la ville A en direction de la ville B à la vitesse de 60 km/h. A quelle heure Jean va-t-il rattraper Jeanne ?

Utilisons dans un premier temps un tableau VTD.

On applique l'égalité $D_1 = D_2$. On sait en outre que comme Jean part avec une heure de retard par rapport à Jeanne : $T_{Jean} = T_{Jeanne} - 1$. En effet Jean dispose d'une heure de moins que Jeanne pour parcourir la distance qui la sépare du point de rencontre (cette distance étant la même pour Jean que pour Jeanne).

	V	*T*	*D*
Jeanne	48 km/h	$T_{Jean} + 1$	$D_{rattrapage}$
Jean	60 km/h	T_{Jean}	$D_{rattrapage}$

Pour trouver T_{Jeanne}, on applique l'égalité suivante :

$D_{Jean} = D_{Jeanne} \Leftrightarrow V_{Jean} \times T_{Jeanne} = V_{Jeanne} \times T_{Jeanne} \Leftrightarrow \mathbf{60T_{Jean} = 48(T_{Jean} + 1)}$

Par conséquent, $12T_{Jean} = 48$; $T_{Jean} = 48/12 = 4h$ et $T_{Jeanne} = T_{Jean} + 1 = 4 + 1 = 5h$.

Réponse : Jean rattrape Jeanne à 17h (13h + 4 heures).

▶ Astuce : vous auriez pu également raisonner autour de la vitesse de rattrapage.

Jean va à la vitesse de 60 km/h et Jeanne à la vitesse de 48 km/h. Par conséquent, la vitesse de rattrapage est de 12 km/h (60 – 48 = 12). Cela signifie qu'en 1 heure, Jean rattrape Jeanne de 12 km. Etant donné que Jeanne a 48 km d'avance sur Jean (la distance parcourue par Jeanne à la vitesse de 48 km/h pendant 1 heure), il faut 4 heures (48 / 4 = 12) à Jean pour rattraper Jeanne. Jean rattrape donc bien Jeanne à 17 h.

Le cas croisement

Deux acteurs partent de deux endroits éloignés d'une distance D_{Total}.

Dans un cas de croisement, vous devez résoudre l'équation clé suivante :

$$D_{Total} = D_1 + D_2$$

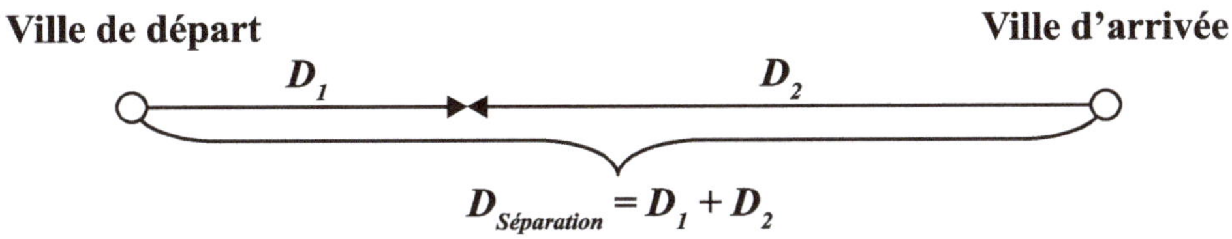

▶ Exemple :

> Un train part d'Auxerre à 10 h et roule à la vitesse de 200 km/h. A la même heure, un train part de Marseille et roule à 300 km/h. A quelle distance de Marseille les trains se croisent-ils, sachant que les deux villes sont éloignées de 700 km ?

Vous cherchez ici la distance entre le point de rencontre des deux trains et la ville de Marseille, soit la distance $D_{Marseille}$. Utilisez là encore un tableau VTD :

	V	*T*	*D*
Auxerre	200 km/h	$T_{Auxerre}$	$700 - D_{Marseille}$
Marseille	300 km/h	$T_{Marseille}$	$D_{Marseille}$

Les deux trains se croisent au même moment, soit $T_{Auxerre} = T_{Marseille}$, ou encore :

$D_{Auxerre} / V_{Auxerre} = D_{Marseille} / V_{Marseille} \Leftrightarrow (700 - D_{Marseille}) / 200 = D_{Marseille} / 300$

Après résolution, vous obtenez $D_{Marseille} = 420$ km.

Le cas aller-retour

On considère un objet effectuant l'aller d'un parcours à une vitesse V_1, puis le retour du même parcours à la vitesse V_2.

Alors la vitesse moyenne de l'objet sur l'aller-retour est donnée par :

$$\textit{Vitesse moyenne} = H = \frac{2 \times V_1 \times V_2}{V_1 + V_2}$$

Cette vitesse moyenne est également appelée **moyenne harmonique.**

▶ Exemple :

Un coureur part de Paris pour aller à Versailles, puis revient par le même chemin. Il effectue l'aller à 8 km/h et le retour à 14 km/h. Quelle est la vitesse moyenne du coureur sur l'ensemble du parcours ?

Réponse : la vitesse moyenne du coureur l'aller-retour Paris Versailles est égale à :

$$Vitesse\ moyenne = \frac{2 \times 8 \times 14}{8 + 14} \approx 10{,}2\ km/h$$

Le cas changement de vitesse

On considère un objet parcourant une distance D_1 à la vitesse V_1, puis une distance D_2 à une vitesse V_2. On étudie donc l'impact d'une accélération, ou d'une décélération, sur une vitesse moyenne. La vitesse moyenne de l'objet sur la distance $D_1 + D_2$ est égale à la moyenne harmonique des vitesses, donnée par la formule suivante :

$$Vitesse\ moyenne = \frac{D_1 + D_2}{\frac{D_1}{V_1} + \frac{D_2}{V_2}}$$

▶ Application :

Une voiture roule pendant 1 heure à la vitesse de 80 km/h, puis accélère et roule pendant 60 km à la vitesse de 120 km/h. Quelle est la vitesse moyenne de l'automobiliste sur l'ensemble du parcours ?

Réponse : l'automobiliste a effectué dans un premier temps 80 km à la vitesse de 80 km/h, puis dans un second temps 60 km à la vitesse de 120 km/h. Il a roulé au total 1,5 heure pour parcourir une distance totale de 140 km. La vitesse moyenne est donc égale à 140/1,5 ≈ 93,33 km/h.

La vitesse moyenne était aussi directement calculable *via* la formule suivante :

$$Vitesse\ moyenne = \frac{80 + 60}{\frac{80}{80} + \frac{60}{120}} \approx 93{,}33\ km/h$$

8 Mathématiques

Boîte à outils de calcul pour le concours Accès

Formules à connaître

$\frac{a}{b} = \frac{c}{d} \leftrightarrow a \times d = b \times c$	$x = a \times b \leftrightarrow a = \frac{x}{b}$
$\frac{a}{b} + \frac{x}{y} = \frac{a \times y + b \times x}{b \times y}$	$\frac{a}{b} \times \frac{x}{y} = \frac{a \times x}{b \times y}$
$a \times \frac{x}{y} = \frac{a \times x}{y}$	$\frac{\frac{a}{b}}{\frac{x}{y}} = \frac{a}{b} \times \frac{y}{x}$
$\frac{1}{\frac{a}{b}} = \frac{b}{a}$	$\frac{\frac{a}{b}}{x} = \frac{a}{b \times x}$

Résolution par substitution

Il s'agit **d'exprimer une inconnue en fonction de l'autre** inconnue dans une des deux équations du système.

$\begin{cases} 3x + y = 2 \\ 3x + 3y = 12 \end{cases}$	**On cherche à exprimer *y* en fonction de *x* dans le premier membre.**
$\begin{cases} y = 2 - 3x \\ 3x + 3y = 12 \end{cases}$	On remplace *y* par sa valeur (2 - 3*x*), dans le second membre.
$\begin{cases} y = 2 - 3x \\ 3x + 6 - 9x = 12 \end{cases}$	On résout l'équation à une inconnue que représente le deuxième membre.
$\begin{cases} y = 2 - 3x \\ -6x = 6 \end{cases}$ donc $x = -1$	On remplace *x* dans le premier membre.
$\begin{cases} x = -1 \\ y = 5 \end{cases}$	

Variation en pourcentage

Il faut que ça devienne un automatisme : quand on modifie une grandeur de *x* %, cela revient à multiplier cette valeur par 1 + *x* %

- Si « *a* » augmente de 17 %, pour trouver la nouvelle valeur « *b* », il faut poser :

  $b = a \times (1 + 17\ \%) = 1{,}17 \times a$

- Si « *a* » augmente de 17 %, puis baisse de 17 % pour trouver la nouvelle valeur « *b* », il faut poser :

  $b = a \times (1 + 17\ \%) \times (1 - 17\ \%)$

  $= 1{,}17 \times 0{,}83 \times a$

Pourcentage de variation

La variation en pourcentage s'exprime comme la différence entre la valeur finale et la valeur initiale divisée par la valeur initiale.

$$\text{Var} = \left\{\frac{V_f - V_i}{V_i} \times 100\right\}$$

Attention à la TVA

Attention à ne pas retirer la TVA au prix TTC (toutes taxes comprises) pour trouver le prix HT (hors taxe) ! Il faut au contraire appliquer la TVA au prix HT.

$$P_{HT} \times (1 + \text{TVA}) = P_{TTC}$$

$$P_{HT} = \frac{P_{TTC}}{(1 + \text{TVA})}$$

Correspondances pourcentage, fraction et nombre décimal

POURCENTAGE	FRACTION	NOMBRE DÉCIMAL
0,01 %	1/10000	0,0001
0,1 %	1/1000	0,001
1 %	1/100	0,01
2 %	1/50	0,02
4 %	1/25	0,04
5 %	1/20	0,05
10 %	1/10	0,1
12,5 %	1/8	0,125
16,66 %	1/6	0,166
20 %	1/5	0,2
25 %	1/4	0,25
33,33 %	1/3	0,333
40 %	2/5	0,4
50 %	1/2	0,5
60 %	3/5	0,6
66,66 %	2/3	0,666
70 %	7/10	0,7
75 %	3/4	0,75
80 %	4/5	0,8
100 %	1	1

Nombre de salutations

Soit un groupe de p individus où chaque individu salue tous les autres. N, le nombre total de salutations échangées, est égal à :

$$N = \frac{P \times (P - 1)}{2}$$

Un groupe de p individus saluant un groupe de q individus :

$$N = P \times Q$$

Décompte d'éléments

Combien de nombres a-t-on entre 13 et 721 inclus ?

$$N = V_{\text{finale}} - V_{\text{initiale}} + 1$$

$$= 721 - 13 + 1 = 709$$

Unités

Longueurs		Surfaces		Volumes	
0,001 km		0,000001 km^2		0,000000001 km^3	
0,01 hm		0,0001 hm^2		0,000001 hm^3	
0,1 dam	÷ 10	0,01 dam^2	÷ 100	0,001 dam^3	÷ 1 000
1 m		1 m^2		1 m^3	
10 dm	× 10	100 dm^2	× 100	1 000 dm^3	× 1 000
100 cm		10 000 cm^2		1 000 000 cm^3	
1 000 mm		1 000 000 mm^2		1 000 000 000 mm^3	

Intérêts simples

Ces intérêts se calculent à partir de trois variables :

- Le capital initial C_0
- Le taux d'intérêts r
- La durée du placement n

$$I = C_0 \times r \times n$$

Le capital final, après n périodes, noté C_n, sera donc égal à :

$$C_n = C_0 + C_0 \times r \times n = C_0 (1 + r \times n)$$

Intérêts composés

Ici, les intérêts sont réinvestis au capital. La valeur acquise au bout de n périodes tient donc compte de ce réinvestissement des intérêts acquis, pour devenir :

$$C_n = C_0 \times (1 + r)^n$$

Forfait et réduction

Certains exercices font intervenir forfaits et cartes de réductions, la question étant de déterminer à partir de quand l'un devient plus rentable que l'autre. Il faut poser et résoudre l'inéquation :

$$P_{forfait} < P_{sans\ forfait}$$

9 Mathématiques

Cas pratique : les problèmes d'effectifs

Fréquence : tous les ans

Difficulté : dur pour les novices, très facile pour les « initiés »

Énoncé

Un institut d'étude a réalisé récemment un sondage sur les pratiques alimentaires des Français et plus spécifiquement sur l'achat hebdomadaire de trois produits de base : la viande, le poisson et les œufs. Pour 1 000 personnes interrogées, on a les renseignements suivants :

- 100 personnes achètent de la viande et des œufs ;
- On a 10 fois plus d'acheteurs de viande uniquement que d'œufs exclusivement ;
- 25 % des personnes interrogées n'achètent que du poisson ;
- 700 personnes ont répondu acheter du poisson, 360 des œufs et 400 de la viande ;
- 50 % des acheteurs de viande en profitent pour acheter aussi du poisson.

(A) 90 personnes n'achètent aucun de ces produits.

(B) On ne peut savoir combien de personnes achètent les 3 produits.

(C) 150 personnes n'achètent que de la viande.

(D) 450 personnes achètent au moins deux produits.

Correction détaillée

Nous voici en présence d'un type d'exercice cruel et discriminatoire ! Sans méthode, le candidat se lance dans des schémas sans fin, des arborescences complexes, des supputations vaines… L'horreur. Avec la méthode que l'on va mettre en place, le succès est quasi garanti ! À vos crayons !

L'astuce ici consiste à représenter les achats des trois produits par trois cercles découpés en zones que l'on code arbitrairement comme suit :

Ensemble des personnes interrogees (= 1 000)

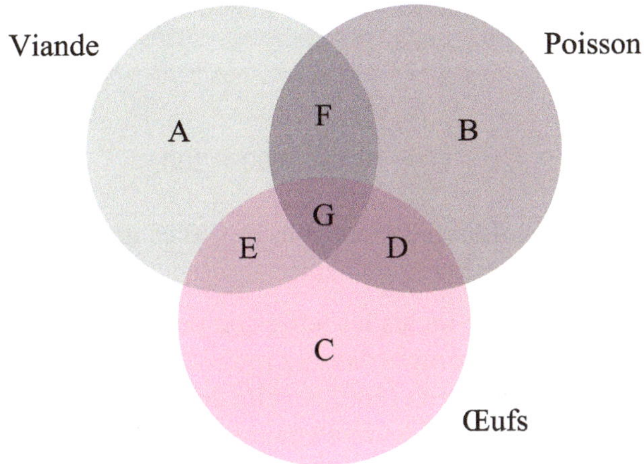

Ce schéma présente alors simplement les différentes catégories de clients de l'enquête :

- Les zones A, B, C : ce sont les clients n'achetant qu'un seul produit.
  - La zone A représente les clients qui n'achètent que de la viande.
  - La zone B représente les clients qui n'achètent que du poisson.
  - La zone C représente les clients qui n'achètent que des œufs.
- Les zones D, E, F : ce sont les clients achetant <u>exactement</u> deux produits.
  - La zone D regroupe les clients ayant acheté du poisson et des œufs.
  - La zone E regroupe les clients ayant acheté de la viande et des œufs.
  - La zone F regroupe les clients ayant acheté de la viande et du poisson.
- Enfin, la zone G regroupe les chanceux qui s'offrent à la fois de la viande, du poisson et des œufs.

Une fois le cadre posé, il s'agit de traduire les données de l'énoncé par un système d'équations en évitant deux embûches :

- L'information « 100 personnes achètent de la viande et des œufs » n'est pas l'information : « 100 personnes n'achètent que de la viande et des œufs ». En d'autres termes, cette population inclut également les clients qui achètent les trois produits (la zone G).
- Dans le même style, l'information « 50 % des acheteurs de viande en profitent pour acheter du poisson » inclut également les « tri-acheteurs ».

On obtient alors, sans trop souffrir :

$$\begin{cases} E + G = 100 \\ A = 10C \\ B = 25\ \% \times 1\ 000 = 250 \\ B + F + G + D = 700 \\ C + D + E + G = 360 \\ A + E + F + G = 400 \\ F + G = 50\ \% \times (A + E + F + G) = 50\ \% \times 400 = 200 \end{cases}$$

Voici un système de 7 équations à 7 inconnues qui, avec un peu de méthode, de pratique et de recul, se résout assez rapidement.

Pour commencer, on remplace toutes les lettres ou petits groupes de lettres dont on connaît la valeur et que l'on retrouve dans au moins deux équations. Ici, on connaît la valeur de B (250), celle de E + G (100) et celle de F + G (200). Remplaçons donc ces lettres et groupes de lettres par leur valeur correspondantes dans les autres équations. Cela donne :

$$\begin{cases} E + G = 100 \\ A = 10C \\ B = 250 \\ 250 + 200 + D = 700 \\ C + D + 100 = 360 \\ A + E + 200 = 400 \\ F + G = 200 \end{cases}$$

Ensuite, nos souvenirs de collège nous rappellent que pour résoudre une équation, on met toujours d'un côté les inconnues, de l'autre les valeurs, c'est-à-dire :

$$\begin{cases} E + G = 100 \\ A - 10\ C = 0 \\ B = 250 \\ D = 700 - 250 - 200 = 250 \\ C + D = 360 - 100 \\ A + E = 400 - 200 \\ F + G = 200 \end{cases}$$

On remplace la valeur de D dans la 5e équation, on trouve alors C, puis A (à l'aide de la 2e équation) et de fil en aiguille, on conclut :

$$\begin{cases} A = E = 100 \\ B = D = 250 \\ C = 10 \\ F = 200 \\ G = 0 \end{cases}$$

Nous pouvons alors nous attaquer aux assertions proposées.

▶ Proposition (A)

Pour connaître le nombre de personnes n'achetant aucun produit, il suffit de calculer le nombre total de clients achetant des produits que l'on retranchera du nombre de clients total. On remarque alors que le nombre d'acheteurs est égal à A + B + C + D + E + F + G et vaut donc, par addition, 910. Les personnes interrogées sont au nombre de 1000 donc, par soustraction, on conclut qu'il y bien 90 personnes n'ayant rien acheté.

Réponse : VRAI

▶ Proposition (B)

Les personnes achetant les trois produits sont regroupées dans G et G = 0 donc la proposition est fausse.

Réponse : FAUX

▶ Proposition (C)

Les personnes n'achetant que de la viande sont regroupées dans A et A = 100. La proposition est donc fausse.

Réponse : FAUX

▶ Proposition (D)

Les personnes achetant au moins deux produits sont celles achetant exactement deux produits (D + E + F) et celles achetant exactement 3 produits (G). Par addition, on trouve 550 clients concernés. La proposition est donc fausse.

Réponse : FAUX

EN BREF

Méthode :

- On schématise par des cercles et on code les différentes parties par des lettres
- On traduit l'énoncé par des équations
- On résout le système
- On répond aux questions

Savoir-faire mobilisé :

- Traduire un énoncé sous forme de schéma et de système d'équations
- Savoir résoudre un système de n équations à n inconnues

10 Mathématiques

Cas pratique : les problèmes de logique pure

Fréquence : tous les deux ans en moyenne

Difficulté : facile

Énoncé

Au restaurant, Elsa donne les informations suivantes à Étienne :

- Si je fais de l'escalade, alors je ne fais pas d'aérobic ;
- Si je ne fais pas d'escalade alors je fais du volley-ball ;
- Je fais de l'aérobic ou je fais du snowboard ;
- Je ne fais pas de volley-ball.

(A) Elsa fait de l'escalade.

(B) Elsa fait de l'aérobic.

(C) Elsa ne fait pas de snowboard.

(D) Si Elsa ne fait pas du snowboard alors elle fait de l'escalade.

Correction détaillée

On repère en tout premier lieu l'élément déclencheur : « *je ne fais pas de volley-ball* ».

RAPPEL DE COURS

La contraposée de « Si A, alors B » (A $\Rightarrow$ B) est « Si NON B alors NON A » (NON B $\Rightarrow$ NON A).

Ou encore, dit autrement : la contraposée de « P $\Rightarrow$ Q » est « $\overline{Q} \Rightarrow \overline{P}$ ».

En appliquant ce rappel de cours à la deuxième proposition d'Elsa, on a alors :

« Je ne fais pas de volley-ball » ⇒ *« je fais de l'escalade »*. On poursuit le raisonnement avec la 1re proposition : Elsa fait de l'escalade donc elle ne fait pas d'aérobic.

Récapitulons tout ceci sur une ligne que l'on nomme L1 :

L1 : « Pas de volley-ball » ⇒ « Escalade » ⇒ « Pas d'aérobic »

⚠ **ATTENTION** Dans les phrases du type « A ou B », on considèrera toujours que le « ou » est non exclusif, c'est-à-dire que soit A est réalisé, soit B, soit les deux en même temps.

Ce travail préparatoire nous permet de nous attaquer plus sereinement à l'analyse des propositions.

▶ Proposition (A)

Puisqu'Elsa ne fait pas de volley-ball, elle fait de l'escalade d'où :

Réponse : VRAI

▶ Proposition (B)

Elle fait de l'escalade donc elle ne fait pas d'aérobic.

Réponse : FAUX

▶ Proposition (C)

Supposons qu'Elsa ne fasse pas de snowboard. Dans ce cas, elle fait nécessairement de l'aérobic puisque Elsa fait de l'aérobic ou du snowboard. Or, elle ne fait pas d'aérobic d'après ce que l'on a dit en B. La proposition est donc absurde.

Réponse : FAUX

▶ Proposition (D)

Un peu comme au C, supposons qu'Elsa ne fasse pas de snowboard. Dans ce cas, elle fait nécessairement de l'aérobic. Il nous faut alors considérer la contraposée de la ligne *L1* mentionnée plus haut. Le rappel de cours nous permet d'obtenir :

L2 : « Aérobic » ⇒ « Pas escalade » ⇒ « Volley-ball »

Elsa fait de l'aérobic, donc, d'après L2, on conclut qu'elle ne fait pas d'escalade.

Réponse : FAUX

CONSEIL Je vous conseille sur ce type d'exercice de faire d'abord tout le travail de logique avant de répondre aux questions. L'expérience nous a permis de constater que les candidats qui répondaient aux questions au fur et à mesure de l'évolution du raisonnement avaient une tendance à se déconcentrer entre chaque réponse et, par conséquent, n'optimisaient pas leur temps.

EN BREF

Méthode :

- Repérer l'élément déclencheur
- Utiliser les outils logiques pour établir la vérité
- Vérifier, pour conclure, la validité ou invalidité des phrases proposées

Savoir-faire et astuces mobilisés :

- Traduire un énoncé en proposition du type $A \Rightarrow B$
- Se souvenir que la contraposée de $(A \Rightarrow B)$ est $(\text{NON } B \Rightarrow \text{NON } A)$
- savoir utiliser intelligemment les démonstrations par l'absurde

11 Mathématiques

Cas pratique : les problèmes calculatoires

Fréquence : régulière

Difficulté : délicat

Nota Bene : Entendons-nous bien : le problème qui suit est volontairement tarabiscoté et regroupe un vaste champ de compétences afin de bien vous faire comprendre que, dans votre phase d'entraînement, vous devrez être capables de tout mobiliser en même temps. Il ne s'agira donc pas de faire pendant une semaine que des pourcentages, la semaine qui suit que des fractions… Au contraire, on privilégiera la variété des savoir-faire. En voici une illustration : bon courage !

Énoncé

Au début de l'année 2008, Karim place un capital de C au taux fixe de 4 % annuel. Chaque année, les intérêts perçus sont réinvestis également au taux de 4 % annuel. De son côté, Pascal, plus téméraire, investit en bourse un capital K sur l'action. Début 2009, il constate que son capital a décru de 2 % tandis qu'en 2010, son capital enregistre une hausse de 10 % par rapport à 2009. Ce schéma se reproduit à l'identique tous les deux ans (baisse de 2 % la première année, hausse de 10 % la deuxième).

(A) Si C = 10 000 €, le capital de Karim aura doublé dans ln(0,5)/ln(1,04) années.

(B) Si K = 3/4 C, le capital de Pascal dépassera le capital de Karim dans moins de 2 ans.

(C) Si, à la fin de l'année 2011, le capital de Pascal s'élève à 10 000 €, alors $K = \frac{10^6}{(22)^2} \times \left(\frac{10}{7}\right)^4$ €.

(D) Si C = 10 000 euros et si, au bout de 2 ans, Karim et Pascal ont le même capital alors $K = \frac{10\,816 \times 10^3}{1\,078}$ €.

Correction détaillée

▶ Proposition (A)

Ici l'inconnue est le nombre d'années nécessaires pour que Karim voie son capital doubler. Notons n ce nombre d'années. La difficulté consiste alors à traduire l'énoncé en équations. En premier lieu, il s'agit de savoir comment exprimer en fonction de n le capital détenu par Karim à l'issue des n années. Deux méthodes peuvent être mobilisées ici, l'une plus artisanale que l'autre.

1re méthode : par conjecture

Pour simplifier la démarche, on considère tout d'abord que 2008 représente l'année 0.

Au bout d'un an, Karim a gagné 4 % sur son capital de C €, c'est-à-dire qu'au début de l'année 1 (l'année 2009 donc), il détient C + 4 % C €, soit encore C(1,04) €. La deuxième année, ce schéma se reproduit et donc cette fois-ci, les 4 % d'intérêts sont applicables à C(1,04) € puisque l'énoncé précise que les intérêts perçus chaque année sont réinvestis au taux de 4 %. Ainsi au bout de deux années de placement, Karim détient C(1,04)(1,04) c'est-à-dire $C(1{,}04)^2$ €. En conjecturant cette démarche (c'est-à-dire en extrapolant ce procédé), Karim détiendra au bout de n années un capital de $C(1{,}04)^n$ €. Ce que l'on peut résumer dans le tableau suivant :

En euros	Capital début de période	Intérêts perçus pendant la période	Capital fin de période
Année 0	C	0,4C	C(1,04)
Année 1	C(1,04)	C(1,04) × 0,04	$C(1{,}04)^2$
…			
Année $n-1$	$C(1{,}04)^{n-1}$	$C(1{,}04)^{n-1} \times 0{,}04$	$C(1{,}04)^n$

***NB* :** la fin de l'année $n - 1$ (et non pas n) correspond à n années de placement puisque l'on démarre de l'année 0.

2e méthode : par l'utilisation du cours sur les suites

En notant U_n le capital de Karim au bout de n années, on a la relation géométrique suivante :

$$\text{pour tout } n \geq 0,\ U_{n+1} = 1{,}04U_n$$

RAPPEL DE COURS

Suite géométrique de raison *q*

Si pour tout $n \geq 0$, $U_{n+1} = qU_n$ alors pour tout $n \geq 0$, $U_n = q^n U_0$

De même : si pour tout $n \geq k$, $U_{n+1} = qU_n$ alors pour tout $n \geq k$, $U_n = q^{n-k} U_k$

Nous reconnaissons ici une suite géométrique de raison 1,04 et de premier terme $U_0 = C$ donc on conclut : $U_n = (1{,}04)^n C$

On rejoint bien le résultat de la 1re méthode.

Une fois cette étape achevée, il s'agit alors de traduire la proposition A sous forme d'équation d'inconnue *n*, en remplaçant C par 10 000. Cela nous donne :

$$10\,000(1{,}04)^n = 20\,000$$
$$\Leftrightarrow (1{,}04)^n = 2$$

STOP – ASTUCE !

Quand l'inconnue d'une équation est en puissance, l'utilisation de la fonction *ln* permet de faire redescendre l'inconnue en vertu de la règle :

$$\ln(a^n) = n \times \ln(a)$$

Cela nous donne finalement : $n \times \ln(1{,}04) = \ln(2)$ c'est-à-dire : $n = \dfrac{\ln(2)}{\ln(1{,}04)}$ années.

Réponse : FAUX

▶ **Proposition (B)**

Plus facile cette fois : il suffit de faire un tableau sur 2 ans pour comparer les capitaux des deux protagonistes. Nous vous suggérons le tableau suivant :

En euros	Capital de départ	Capital au bout d'un an	Capital au bout de deux ans
Année 0	C	(1,04)C	$(1{,}04)^2$C
Année 1	3/4 C	3/4 (0,98)C	3/4 (0,98)(1,1)C

Il suffit alors de résoudre l'inéquation : $C(1{,}04)^2 < 3/4\,(0{,}98)(1{,}1)C$

Les C se simplifient et, par le calcul, on arrive à l'aberration $1{,}0816 < 0{,}8085$

La proposition était donc fausse. Les plus agiles en calcul de fractions ont dû le pressentir aisément puisqu'on a : $3/4\,(0{,}98)(1{,}1) = \dfrac{3 \times 98 \times 11}{4 \times 100 \times 10} < \dfrac{4\,000}{4\,000} = 1 < (1{,}04)^2$

Réponse : FAUX

▶ Proposition (C)

La logique reste la même : à la fin de l'année 2011, Pascal bénéficie d'un capital égal à $K(0{,}98 \times 1{,}1)^2$ et qui, d'après l'énoncé proposé, représente 10 000 €. On résout alors l'équation suivante : $K(0{,}98 \times 1{,}1)^2 = 10\,000$ soit encore :

$$K = \frac{10\,000}{(0{,}98 \times 1{,}1)^2}$$

Il est alors impératif de faire un petit rappel de cours sur les fractions et les puissances.

RAPPEL DE COURS

Fractions

$$\frac{a}{b} \times \frac{c}{d} = \frac{a \times c}{b \times d} \text{ et } \frac{a}{\frac{b}{c}} = \frac{a \times c}{b}$$

Puissances

$$(ab)^c = a^c \times b^c \;;\; (a^b)^c = a^{bc} \;;\; \frac{1}{a^b} = a^{-b}$$

Fort de ce rafraîchissement, on poursuit le calcul et on a :

$$K = \frac{10\,000}{(0{,}98 \times 1{,}1)^2} = \frac{10\,000}{\left(\frac{98}{100} \times \frac{11}{10}\right)^2} = \frac{10\,000 \times (1\,000)^2}{(2 \times 49 \times 11)^2} = \frac{10^4 \times (10^3)^2}{2^2 \times (7^2)^2 \times 11^2}$$

Et par les règles rappelées ci-dessus, on conclut :

$$K = \frac{10^4 \times 10^6}{(7^2)^2 \times (2 \times 11)^2} = \frac{10^6}{(22)^2} \times \left(\frac{10}{7}\right)^4$$

Réponse : VRAI

▶ Proposition (D)

Nous pouvons aller plus vite à présent. Au bout de deux ans, on sait que Karim bénéficie de $C(1{,}04)^2$ € tandis que Pascal jouit de $K(0{,}98 \times 1{,}1)$ €. Puisque C = 10 000 €, il suffit alors de résoudre l'équation suivante :

$$K(0{,}98 \times 1{,}1) = 10\,000(1{,}04)^2$$

Et, par le calcul et les règles vues précédemment, on trouve bien : $K = \dfrac{10\,816 \times 10^3}{1\,078}$ €

Réponse : VRAI

EN BREF

Méthode :

- Nommer les inconnues recherchées
- Traduire les hypothèses de l'énoncé sous forme d'équations et/ou de tableaux
- Traduire les propositions sous forme d'équations / inéquations / tableaux
- Confronter les résultats
- Valider ou invalider une proposition

Savoir-faire et astuces mobilisés :

- Résolution d'équations / inéquations
- Utilisation des règles de calcul (puissances, pourcentages, fractions, logarithme…)
- Utilisation des propriétés sur les suites usuelles (géométriques, arithmétiques…)

12 Mathématiques

Cas pratique : les problèmes de vitesse, temps et distance

Fréquence : tous les 2 ou 3 ans

Difficulté : intermédiaire

Voici un exercice incontournable que les concepteurs des sujets n'hésitent pas à revisiter tous les ans, voire plusieurs fois par an comme ce fut le cas en 2006. Il faut donc s'y préparer avec obstination, la réussite est à l'arrivée. En route !

Énoncé

On considère un train T1 qui part de A pour B à 10 h, et à la vitesse de 200 km/h. Une heure plus tard, un train T2, plus rapide, part également de A sur une voie exactement parallèle à celle du premier train. On sait que les trains mesurent tous les deux 200 m, et que lorsque T2 finit par rattraper T1, les trains se croisent pendant 14,4 secondes. On précise enfin que le train T2 va mettre 6 h à faire son trajet.

(A) Les deux villes sont distantes de 900 km.

(B) La vitesse du train T2 est de 300 km/h.

(C) Le train T1 arrive 30 minutes après le train T2.

(D) Si les deux trains avaient la même vitesse, ils se seraient croisés pendant 9,6 secondes.

Correction détaillée

Nous vous livrons le secret suivant :

STOP – MÉTHODE !

Méthode SNCF

S comme Schéma	N comme Nomination	C comme Conversion	F comme Formule
On représente l'énoncé par un schéma	On nomme toutes les données explicites et implicites de l'énoncé, que l'on représente sur le schéma	On convertit toutes les données de temps, de distance et de vitesse de manière homogène (souvent en h, km et km/h)	On utilise dans tous les sens la formule V = D/T (Vitesse = Distance/Temps)

Avec la méthode SNCF, les trains ne vous poseront plus problème. Il vous sera également possible de résoudre tout autre problème faisant intervenir des notions de vitesse, de distance et de temps. Appliquons la démarche sans plus tarder.

Schéma :

Établissons une première ébauche de schéma avant de la compléter ci-après :

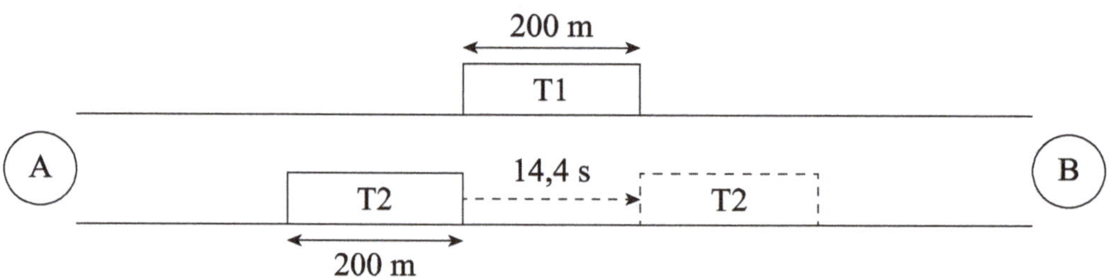

Nomination :

Nommons à présent les données explicites (c'est-à-dire celles suggérées par l'énoncé) et implicites (celles qui ne sont pas précisées dans l'énoncé mais qui sont indispensables à la résolution du problème) en distinguant deux cas :

Les données dont on a la valeur :

- H1 = heure de départ de T1 = 10 h
- H2 = heure de départ de T2 = H1 + 1 h = 11 h

- V1 = vitesse du train T1 = 200 km/h
- L1 = L2 = longueur de T1 et T2 = 200 m
- Td : temps nécessaire à T2 pour dépasser T1 = 14,4 s
- *t*2 = temps nécessaire à T2 pour relier A à B = 6 h

Les données dont on n'a pas la valeur :

- V2 = vitesse du train T2
- D = distance entre A et B
- D1 = distance parcourue par T1 entre le début du dépassement et la fin du dépassement
- D2 = distance parcourue par T2 entre le début du dépassement et la fin du dépassement
- *t*1 = temps nécessaire à T1 pour relier A à B
- HA1 = heure d'arrivée de T1
- HA2 = heure d'arrivée de T2

Le schéma peut alors être complété comme suit :

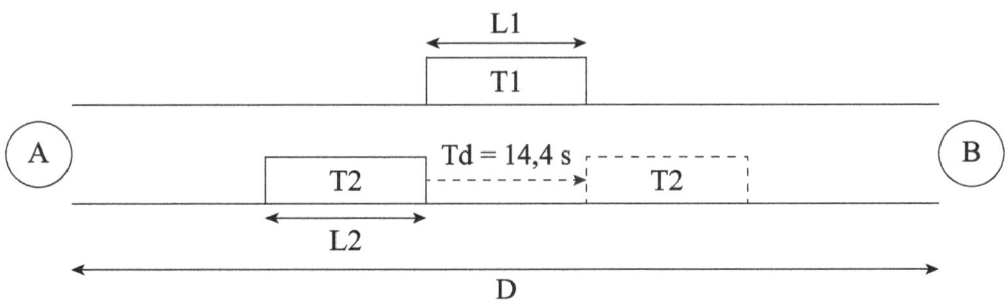

Conversion :

On convertit toutes les données de l'énoncé à l'aide de règles de 3 et de calcul basique :

Td = 14,4 secondes = 0,004 h

L1 = L2 = 200 m = 0,2 km

Formule :

Cette étape est la plus délicate : il s'agit de s'aider de la formule Vitesse = Distance/ Temps pour trouver petit à petit toutes les solutions du problème. Pour cela, il faudra utiliser le RAISONNEMENT et triturer dans tous les sens cette formule.

Dans le cas présent, nous savons d'après l'énoncé que les deux trains se croisent en 14,4 secondes soit 0,004 h et que le train T1 roule à 200 km/h. Il nous est alors possible dans un premier temps de calculer la distance parcourue par T1 pendant ces 0,004 h de dépassement. On a en effet :

$$D2 = D1 + L1 = 0{,}8 + 0{,}2 = 1 \text{ km}$$

Or, après réflexion, la distance D2 parcourue par T2 pendant ces 0,004 h est égale à D1 à laquelle on doit rajouter la longueur du train T1. On a alors :

$$D1 = V1 \times Td = 200 \times 0{,}004 = 0{,}8 \text{ km}$$

Ainsi T2 a parcouru 1 km en 0,004 h ce qui nous permet, encore grâce à la formule V = D/T de calculer V2 et on a :

$$V2 = 1/0{,}004 = 250 \text{ km/h}$$

Une fois V1 et V2 connues, on peut se servir du temps de trajet de T2, noté *t*2, pour déterminer la distance entre A et B, que l'on a notée D, encore grâce à la formule :

$$D = V2 \times t2 = 250 \times 6 = 1\ 500 \text{ km}$$

Déterminons *t*1 en exploitant une nouvelle fois la formule :

$$t1 = D/V1 = 1\ 500/200 = 7{,}5 \text{ h} = 7 \text{ h } 30 \text{ min}$$

Pour finir, déterminons par une équation simple les heures d'arrivée respectives de T1 et T2 :

$$T2 = H2 + t2 = 11 \text{ h} + 6 \text{ h} = 17 \text{ h et } T1 = H1 + t1 = 10 \text{ h} + 7 \text{ h } 30 \text{ min} = 17 \text{ h } 30$$

Nous avons fait le tour du problème. Il nous reste à valider ou non les propositions.

▶ **Proposition (A)**

Les deux villes sont distantes de 750 km (D) d'où :

Réponse : FAUX

► **Proposition (B)**

La vitesse V2 de T2 est de 250 km/h d'où :

Réponse : FAUX

► **Proposition (C)**

T1 – T2 est bien égal à 30 minutes d'où :

Réponse : VRAI

► **Proposition (D)**

La proposition est absurde : si les deux trains ont la même vitesse, ils ne se croiseront jamais puisque T1 est parti une heure avant T2 !

Réponse : FAUX

EN BREF

Méthode :

- Schématiser l'énoncé
- Nommer les données connues, inconnues, explicites, implicites
- Convertir les données afin de manipuler des quantités comparables
- Appliquer la formule V = D/T et trouver la valeur de toutes les inconnues
- Confronter les propositions aux résultats

Savoir-faire et astuces mobilisés :

- Savoir convertir (règle de trois)
- Savoir traduire un énoncé
- Manipuler avec aisance la formule V = D/T

13 Mathématiques

Cas pratique : les problèmes d'ordre

Fréquence : régulière

Difficulté : facile

Le problème proposé ci-dessous est un grand classique qui ne présente aucune difficulté particulière. Cependant, certaines années présentent des variantes plus délicates que l'on traitera avec une démarche analogue (schématiser les résultats dans un tableau…) et en mobilisant les réflexes de logique (démonstration par l'absurde, contraposée…) que vous développerez en vous exerçant.

Énoncé

Un grand prix automobile a réuni sur le podium trois coureurs automobiles, Marc, Vincent et Romain dont nous avons les informations suivantes :

- La Ferrari de l'un des coureurs est de couleur jaune ;
- Romain a une voiture orange ;
- La voiture verte est arrivée en troisième position ;
- La voiture de Marc précède immédiatement la Citroën de Vincent ;
- L'une des voitures est une Lada.

(A) Vincent a une voiture verte.

(B) La voiture qui a remporté le grand prix est jaune.

(C) La Lada précède immédiatement la Citroën.

(D) Marc est le propriétaire de la Ferrari.

Correction détaillée

La difficulté n'est pas insurmontable : il suffit de regrouper les donner dans un tableau et de compléter progressivement. On répond alors aux questions. Commençons par le tableau vide :

Nom			
Marque			
Couleur			
Rang			

On remplit alors le tableau avec les informations que l'on a, sans aucune réflexion :

Nom			Romain
Marque	Ferrari		
Couleur	Jaune	Verte	Orange
Rang		3	

Vincent a une Citroën : elle ne peut être jaune puisque seule la Ferrari est jaune ; de même, elle n'est pas orange puisque seule la voiture de Romain est orange. Vincent a donc une Citroën verte.

Nom		Vincent	Romain
Marque	Ferrari	Citroën	
Couleur	Jaune	Verte	Orange
Rang		3	

La voiture de Marc précède immédiatement la Citroën de Vincent qui est en troisième position. On débusque alors deux nouvelles informations logiques : Marc est en deuxième position et il détient la Ferrari. Ce qui donne dans le tableau :

Nom	Marc	Vincent	Romain
Marque	Ferrari	Citroën	
Couleur	Jaune	Verte	Orange
Rang	2	3	

L'une des voitures est une Lada. Par élimination, elle appartient à Romain et l'on a :

Nom	Marc	Vincent	Romain
Marque	Ferrari	Citroën	Lada
Couleur	Jaune	Verte	Orange
Rang	2	3	

On complète finalement comme suit (no comment !) :

Nom	Marc	Vincent	Romain
Marque	Ferrari	Citroën	Lada
Couleur	Jaune	Verte	Orange
Rang	2	3	1

Le travail préparatoire est fini : nous pouvons valider ou invalider les propositions.

▶ **Proposition (A)**

Réponse : VRAI

▶ **Proposition (B)**

Réponse : FAUX

▶ **Proposition (C)**

Réponse : FAUX

▶ **Proposition (D)**

Réponse : VRAI

EN BREF

Méthode :

- Faire un tableau avec les différentes rubriques mentionnées dans l'énoncé
- Commencer par remplir le tableau avec les informations qui ne nécessitent aucun traitement logique
- Utiliser le raisonnement logique pour compléter
- Valider ou non les propositions

Savoir-faire et astuces mobilisés :

- Néant

14 Mathématiques

Cas pratique : vérité et mensonge

Fréquence : presque tous les ans, et souvent plusieurs fois par an

Difficulté : atypique donc délicat

Énoncé

Jack a un enfant qui dit toujours la vérité le week-end, et qui ment ou dit la vérité le reste de la semaine. Lorsqu'on lui pose la question « *quel est ton prénom* » pendant 5 jours de suite, il répond : Jim, Bill, Jim, Bill, Jim.

(A) On ne peut pas savoir comment s'appelle le fils de Jack.

(B) S'il dit s'appeler Bill le sixième jour, il s'appelle Jim.

(C) S'il dit s'appeler Jim le sixième jour, on est sûr qu'il s'appelle Jim.

(D) Quoiqu'il dise le sixième jour, on ne peut savoir comment le fils de Jack s'appelle.

Correction détaillée

Ce type d'exercice est déroutant puisque totalement nouveau pour l'étudiant lambda. On se rapproche ici plus de la devinette « haut de gamme » que du problème mathématique complexe à multiples inconnues que vous commencez à apprivoiser à la lecture de cet ouvrage. Souvent, à la lecture de l'énoncé, on a l'impression qu'il manque des informations, qu'on n'arrivera jamais à répondre à la moindre question. Voyons alors comment percer le mystère…

Tout d'abord, petit conseil, construisons rapidement un tableau des jours de la semaine avec les informations précisées dans l'énoncé. Ça peut donner le tableau suivant :

Jour de la semaine	Lundi	Mardi	Mercredi	Jeudi	Vendredi	Samedi	Dimanche
Vérité ou mensonge (V ou F)	V ou F	V ou F	V ou F	V ou F	V ou F	V	V

Attaquons-nous à présent à la validation des propositions de l'énoncé.

▶ Proposition (A)

Votre intuition vous suggère peut-être qu'effectivement il est impossible de connaître, avec ces informations maigrelettes, le prénom du fiston de Jack. Il s'agit à présent de le démontrer car, bien souvent, les intuitions sont trompeuses.

Tout d'abord, une information doit vous déranger : « Lorsqu'on lui pose la question *« quel est ton prénom »* **pendant 5 jours de suite**, il répond : Jim, Bill, Jim, Bill, Jim ». Elle doit éveiller en vous une question : de quels jours s'agit-il ? En réfléchissant, seules trois séquences de 5 jours sont possibles :

- S1 : du lundi au vendredi
- S2 : du mardi au samedi
- S3 : du dimanche au jeudi

Les autres séquences ne sont pas possibles puisqu'on se retrouve alors avec une séquence contenant le week-end entier et que, par hypothèse, il dit « Bill » un jour, et « Jim » le suivant. Il dirait alors « Bill » le samedi et « Jim » le dimanche (ou « Jim » le samedi et « Bill » le dimanche), ce qui serait absurde puisqu'il dit la vérité le samedi ET le dimanche. Vous me rétorquerez qu'il peut avoir deux prénoms, Bill et Jim, mais l'énoncé perd alors de son intérêt !

Passons alors au crible les trois séquences possibles :

Si nous sommes à l'intérieur des séquences S2 ou S3, on est certain que le fils s'appelle Jim puisqu'il dit Jim le premier jour et le dernier jour. Dans S3, le 1er jour est un dimanche, donc le fils dit la vérité. De même, dans S2, le dernier jour est un samedi et le fils dit encore la vérité.

En revanche, si nous sommes à l'intérieur de la séquence S1, les 5 jours en question sont les jours de la semaine et l'on ne peut donc pas savoir avec certitude s'il dit la vérité ou non.

Ainsi, la proposition A est vraie.

Réponse : VRAI

▶ Proposition (B)

S'il dit s'appeler Bill le sixième jour et que nous sommes dans la séquence S1, alors le 6ᵉ jour est un samedi : il dit alors la vérité et s'appelle effectivement Bill. Il ne s'appelle donc pas Jim.

Réponse : FAUX

▶ Proposition (C)

Si nous sommes en S2 ou S3, nous avons vu que le fils s'appelait alors Jim. Vérifions si c'est encore le cas en S1. En S1, le 6ᵉ jour est un samedi. Il dit alors la vérité, il s'appelle donc bien Jim.

Ainsi, dans toutes les séquences possibles, on aboutit à la conclusion qu'il se prénomme bien Jim.

Réponse : VRAI

▶ Proposition (D)

D'après ce qui vient d'être dit au C, on répond sans trop tarder…

Réponse : FAUX

EN BREF

Méthode :

- Schématiser et/ou formaliser les données de l'énoncé
- Distinguer différents cas de figure
- Valider ou invalider les propositions de l'énoncé, en procédant parfois par une démonstration par l'absurde

Savoir-faire et astuces mobilisés :

- Maîtrise du raisonnement déductif
- Maîtrise des démonstrations par l'absurde

15 Mathématiques

Cas pratique : probabilités

Fréquence : tous les ans

Difficulté : moyenne

La plupart des élèves redoute cette discipline que l'on n'aborde que tardivement : les probabilités. Pourtant avec de la méthode, une bonne connaissance du cours et surtout une priorité donnée au raisonnement, on s'en sort à tous les coups. Voici la trame qu'il faudra respecter dans la quasi-totalité des exercices de probabilité :

1. Raisonner
2. Nommer des évènements
3. Traduire l'énoncé et ses propositions à l'aide de ces évènements
4. Raisonner
5. Appliquer une formule, le cas échéant
6. Raisonner
7. Calculer et conclure

J'attire l'attention sur la très grande tendance qu'ont les élèves à systématiquement vouloir appliquer une formule avant même d'avoir raisonné. Je le répète, en probabilité, le raisonnement doit précéder l'application d'une formule. Par exemple, il sera parfois plus facile de calculer $P(A \cap B)$ plutôt que $P(A) \times P_A(B)$.

Place à l'exercice à présent.

Énoncé

Une banque a ouvert un guichet automatique d'un type particulier qui distribue des billets de banque de 10 euros. Les clients qui possèdent une carte magnétique se sont vu attribuer un code secret X compris entre 0000 et 9999. Chaque client se présentant au guichet doit présenter sa carte et proposer son code secret. Si le numéro composé est exacte, le client peut retirer de l'argent en coupure de 10 euros ; dans le cas contraire, il dispose de deux essais supplémentaires pour retrouver le code X. À l'issue de trois essais consécutifs infructueux, le guichet conserve sa carte.

(A) Le client Tartempion se présente à ce guichet et hésite entre 4 codes possibles : 6866, 6668, 8666 ou 6686. La probabilité pour que le client compose son code X au deuxième essai est de 1/4.

(B) Dans les mêmes conditions qu'en A, la probabilité pour que Tartempion réussisse au plus tard au deuxième essai est de 1/4.

(C) Le client Lambda se présente à ce même guichet alors qu'il ne se souvient plus du tout de son code X. La probabilité pour qu'il réussisse à retirer de l'argent est de 3/10 000.

(D) Sachant que l'on estime à 1/10 000 la proportion de personnes susceptibles de tenter leur chance auprès de ce guichet automatique avec une carte trouvée ne leur appartenant pas, la probabilité pour que le client Alfred, qui a perdu sa carte, voit son compte débité contre son gré est de 3/10 000.

Correction détaillée

Appliquons la démarche à chacune des propositions.

▶ Proposition (A)

1re étape : nommons d'abord les événements

X2 : « Le client compose son code X au 2e essai »

En réfléchissant quelque peu, on se rend compte que, pour composer le bon code au 2e essai, il faut avoir composé un mauvais code au 1er essai. On a alors l'idée de poser un 2e événement :

X1 : « le client compose son code X au 1er essai »

2e étape : on traduit la proposition de l'énoncé à l'aide de nos événements

L'énoncé suggère que : $P(X2) = P(\overline{X1} \cap X2) = 1/4$

Calculons alors $P(\overline{X1} \cap X2)$.

3e étape : on utilise la formule des probabilités conditionnelles

---

RAPPEL DE COURS

$$P(A \cap B) = P(A) \times P_A(B) \text{ si } P(A) \neq 0$$

$$P(A \cap B) = P(B) \times P_B(A) \text{ si } P(B) \neq 0$$

Après réflexion, puisque l'événement X2 dépend de ce qui se passe lors du 1er code composé, on utilise la formule des probabilités conditionnelles et on a :

$$P(\overline{X1} \cap X2) = P(\overline{X1}) \times P_{\overline{X1}}(X2)$$

4e étape : on calcule chacune des probabilités

RAPPEL DE COURS

$$P(\text{événement}) = \frac{\text{nombre des cas favorables}}{\text{nombre des cas total}}$$

---

3 codes sont faux sur 4 codes possibles donc $P(\overline{X1}) = 3/4$

Sachant que le client a déjà composé un code, il lui reste trois codes possibles dont un seul juste donc $P_{\overline{X1}}(X2) = 1/3$

Par multiplication, on conclut : $P(\overline{X1} \cap X2) = 1/4$

Réponse : VRAI

▶ Proposition (B)

Nous pouvons résoudre le problème de trois façons. À vous de faire votre choix.

1re méthode : en utilisant sa logique intuitive

Souvenons-nous, le raisonnement doit précéder l'action. On constate ici que l'événement « Tartempion réussit au plus tard au 2e essai » est l'événement « Tartempion réussit soit au premier, soit au 2e essai ». Puisque l'on vient de voir que la probabilité qu'il réussisse exactement au 2e essai est de 1/4 , on conclut que la probabilité recherchée est nécessairement plus grande que 1/4 .

2e méthode : en utilisant les règles de logique

Cette méthode consiste à traduire mathématiquement la logique intuitive vue ci-dessus.

RAPPEL DE COURS

Règle sur l'inclusion de deux événements

Soit A et B deux événements.

$$\text{Si } A \Rightarrow B \text{ alors } A \subset B \text{ et donc } P(A) \leq P(B)$$

Et en particulier,

$$\text{Si } A \Rightarrow B \text{ avec } A \neq B \text{ alors } A \subset B \text{ et } P(A) < P(B)$$

Nous vous rappelons que $A \Rightarrow B$ signifie « Si A est réalisé, alors B est réalisé ».

Dans notre cas, si le client a réussi son code au 2e essai, il l'a *a fortiori* réussi au plus tard au 2e essai ! On a donc bien :

« Tartempion réussit au 2e essai » $\Rightarrow$ « Tartempion réussit au plus tard au 2e essai ».

Et, de plus, « Tartempion réussit au 2e essai » $\neq$ « Tartempion réussit au plus tard au 2e essai ».

Donc P(« Tartempion réussit au 2e essai ») < P(« Tartempion réussit au plus tard au 2e essai »).

Or d'après A, P(« Tartempion réussit au 2e essai ») = 1/4

Par conséquent, P(« Tartempion réussit au plus tard au 2e essai ») > 1/4

3e méthode : en utilisant la démarche habituelle

Avec la démarche habituelle, on raisonne, on exprime ce que l'on cherche par les événements et on constate que l'on veut calculer $P(X1 \cup X2)$.

RAPPEL DE COURS

Formule du Crible

$$P(A \cup B) = P(A) + P(B) - P(A \cap B)$$
$$= P(A) + P(B) \text{ si } P(A \cap B) = 0$$

(événements dits « incompatibles »)

Les événements sont ici incompatibles puisqu'on ne peut pas avoir X1 et X2 réalisés (si X1 est réalisé, c'est-à-dire si le bon code est trouvé au 1er essai, X2 ne l'est pas puisque dans ce cas le client n'effectue pas de 2e essai !)

On a alors $P(X1 \cup X2) = P(X1) + P(X2) = \frac{1}{4} + \frac{1}{3} = \frac{3}{12} + \frac{4}{12} = \frac{7}{12} \neq \frac{1}{4}$

Les deux méthodes aboutissent ainsi à la même conclusion.

Réponse : FAUX

▶ Proposition (C)

STOP – ASTUCE !

Très souvent, lorsque la probabilité d'un événement A paraît complexe, il suffit de raisonner à l'aide de l'événement complémentaire $\overline{A}$ et on applique alors la formule du cours :

$$P(A) = 1 - P(\overline{A})$$

Ici, les deux méthodes étaient de difficultés comparables mais appliquons toutefois la méthode utilisant le complémentaire, pour stimuler notre logique. Notre démarche habituelle nous conduit alors aux étapes suivantes :

1re étape : nommons les événements

R : « réussir à retirer de l'argent »

X1 : « le client trouve son code au 1er essai »

X2 : « le client trouve son code au 2e essai »

X3 : « le client trouve son code au 3e essai »

2e étape : traduisons ce que suggère l'énoncé

« Réussir à retirer de l'argent » est finalement l'événement « retirer de l'argent dès le 1er essai, OU après 2 essais OU après 3 essais ».

Ainsi : $R = X1 \cup X2 \cup X3$

RAPPEL DE COURS

Loi de Morgan : « NON (P ou Q) » équivaut à « NON(P) et NON(Q) »

Loi de Morgan appliquée aux probabilités :

$$P(\overline{A1 \cup A2 \ldots \cup An}) = P(\overline{A1} \cap \overline{A2} \ldots \cap \overline{An})$$

L'énoncé affirme : $P(R) = \frac{3}{10\,000}$

Par utilisation de la loi de Morgan (ou par raisonnement logique), on a alors :
$P(\overline{R}) = P(\overline{X1 \cup X2 \cup X3}) = P(\overline{X1} \cap \overline{X2} \cap \overline{X3})$

On utilise alors la formule des probabilités conditionnelles et on a :
$P(\overline{R}) = P(\overline{X1}) \times P_{\overline{X1}}(\overline{X2}) \times P_{\overline{X1} \cap \overline{X2}}(\overline{X3})$

C'est-à-dire, en dénombrant les cas favorables et les cas possibles :
$P(\overline{R}) = \frac{9\,999}{10\,000} \times \frac{9\,998}{9\,999} \times \frac{9\,997}{9\,998} = \frac{9\,997}{10\,000}$

Finalement, on conclut :
$P(R) = 1 - P(\overline{R}) = 1 - \frac{9\,997}{10\,000} = \frac{3}{10\,000}$

Réponse : VRAI

▶ Proposition (D)

1re méthode : très rapide mais nécessitant un esprit logique entraîné

Comme pour le B, prenons du recul, utilisons la logique (le raisonnement précède l'action, don't forget !) et faisons confiance à notre intuition (que vous développerez avec le temps par le travail et la répétition). Il s'agit, en clair, de calculer la probabilité que la personne trouvant la carte du client Alfred tente sa chance et parvienne à trouver le code. Or, on vient de démontrer dans le C qu'une personne qui ne connaît pas le code a 3 chances sur 10 000 de réussir à retirer de l'argent. La probabilité que le client Alfred voit son compte débité est alors bien plus faible que 3/10 000 puisque pour se faire, la carte doit être entre les mains d'un esprit malintentionné (1 chance sur 10 000) qui, de surcroît, aura l'immense chance de trouver le bon code (3 chance sur 10 000).

2e méthode : la même chose que la 1re méthode mais en langage probabiliste

En reprenant la même démarche que pour invalider la proposition B, on montre que :

Si « le client voit son compte débité contre son gré » est réalisé alors « le code a été trouvé » est réalisé. En notant A, le premier de ces événements et B le second, on aura alors $A \Rightarrow B$ avec $A \neq B$ et donc $P(A) < P(B)$ d'après la règle énoncée en B.

Or, $P(B) = 3/10\,000$ d'après C. Donc $P(A) < 3/10\,000$

3e méthode : avec la démarche habituelle, sans trop réfléchir

Pour ceux qui ne sont pas encore sûrs à 100 % de la validité de leur logique, on déroule la démarche vue précédemment en nommant d'abord les événements suivants :

T : « la personne trouvant la carte tente sa chance au guichet »

Z : « le client Alfred voit son compte débité »

On traduit l'hypothèse de l'énoncé :

$$P(T) = \frac{1}{10\,000}$$

On traduit également la proposition de l'énoncé :

$$P(Z) = \frac{3}{10\,000}$$

On réfléchit et on constate que pour calculer la probabilité de Z, à l'aide de T, on peut appliquer la formule des probabilités totales à l'aide de $(T\,;\,\overline{T})$.

RAPPEL DE COURS

Formule des probabilités totales :

$$P(A) = P(B) \times P_B(A) + P(\overline{B}) \times P_{\overline{B}}(A)$$

Par application directe de la formule, on obtient :

$$P(Z) = P(T) \times P_T(Z) + P(\overline{T}) \times P_{\overline{T}}(Z)$$

Or, $P_T(Z)$ est finalement la probabilité qu'une personne ne connaissant pas le code puisse retirer de l'argent. D'après le C, cette probabilité vaut $\frac{3}{10\,000}$. Par ailleurs, $P_{\overline{T}}(Z)$ est clairement égale à 0 (je ne l'expliquerai pas pour vous inciter à raisonner !). On conclut alors :

$$P(Z) = \frac{1}{10\,000} \times \frac{3}{10\,000} \neq \frac{3}{10\,000}$$

Les trois méthodes conduisent à la même conclusion.

Réponse : FAUX

EN BREF

Méthode :

- Raisonner
- Nommer les évènements
- Traduire l'énoncé à l'aide des évènements
- Raisonner de nouveau
- Utiliser une formule classique, si besoin
- Conclure, par un calcul ou un raisonnement logique

Savoir-faire et astuces mobilisés :

- Maîtrise de toutes les formules classiques : probabilités conditionnelles, probabilités totales, formule du crible, probabilité d'un complémentaire
- Penser au complémentaire d'un évènement lorsque le calcul direct est compliqué
- Savoir, dans certains cas, trouver des relations d'inclusion entre deux évènements
- Raisonner toujours avant d'agir. Un simple raisonnement logique permet parfois d'éviter les calculs

16 Mathématiques

Cas pratique : études de fonctions

Fréquence : tous les ans ou presque

Difficulté : facile pour qui maîtrise parfaitement le cours

Énoncé

Soit :

$f : \mathrm{R} \rightarrow \mathrm{R}$

$x \mapsto 2x\ln(x^2)$ où *ln* désigne le logarithme népérien

(A) f est définie pour tout x positif strictement

(B) Une autre expression de $f(x)$ est $4x\ln(x)$

(C) $\lim\limits_{x \to 0} f(x) = 0$

(D) La dérivée de f est donnée par la relation : $f'(x) = 4(\ln(|x|) + 1)$

Correction détaillée

Un exercice d'analyse assez utile se présente à nous puisqu'il permet de revoir les notions essentielles sur les ensembles de définition de fonctions et sur la fonction logarithme. Quelques pièges sont même là pour déstabiliser les élèves qui ne connaissent leur cours qu'en surface. Démonstration…

▶ Proposition (A)

Sans rentrer dans le détail du cours sur les domaines de définition des fonctions composées, on remarque que la fonction *ln* est définie sur $\mathbb{R}_+^*$ et par conséquent si $x = 0$ on devine que $\ln(x^2)$ n'existe pas. On voit également que pour x non nul, x^2 est bien strictement positif par propriété de la fonction carré. On conclut donc que la fonction f est définie pour tout x réel non nul.

Réponse : FAUX

▶ **Proposition (B)**

STOP – PIÈGE !

$\ln(x^a) = a\ln(x)$ pour $x > 0$

Par exemple : $\ln((-5)^2) \neq 2\ln(-5)$ puisque $\ln(-5)$ n'existe pas ! Nous vous rappellons que $\ln(x)$ n'existe que si $x > 0$…

On conclut sans tarder que l'expression proposée est fausse puisqu'elle n'est pas vraie **pour tout** x.

Réponse : FAUX

▶ **Proposition (C)**

Nous rencontrons à présent un calcul de limite avec forme indéterminée (0×0) mais nous reconnaissons dans la foulée une partie du cours qui rend bien service : les croissances comparées.

STOP – ASTUCE !

Je vous livre un précieux conseil qui m'a été bien utile dans mon parcours et qui me sert encore aujourd'hui. Un moyen simple de retenir toutes les croissances comparées faisant intervenir *ln*, *exp* et $x \to x$ est de retenir la représentation graphique de chacune des fonctions dans le repère que voici :

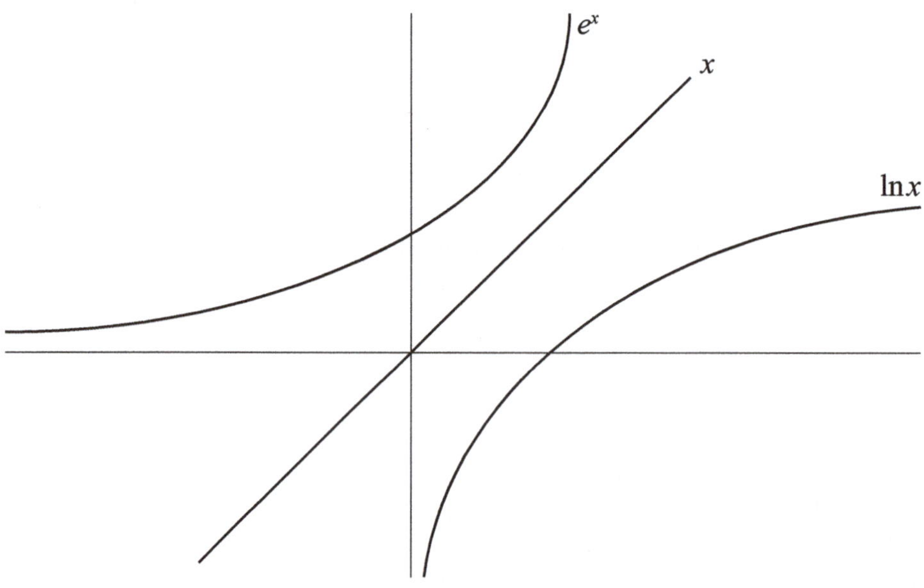

La courbe représentative de la fonction *exp* est au dessus des deux autres, elle l'emportera donc toujours. Cela se traduit en termes de limites par les points de cours suivants :

$$\lim_{x \to -\infty} xe^x = \lim_{x \to -\infty} e^x = 0 \text{ et } \lim_{x \to +\infty} \frac{e^x}{x} = \lim_{x \to +\infty} e^x = +\infty$$

car l'exponentielle « l'emporte » sur la fonction $x \to x$

De même, concernant la fonction *ln*, dont la courbe est en dessous des deux autres, on aura :

$$\lim_{\substack{x \to 0 \\ x>0}} x\ln(x) = \lim_{\substack{x \to 0 \\ x>0}} x = 0 \text{ et } \lim_{x \to +\infty} \frac{\ln(x)}{x} = \lim_{x \to +\infty} \frac{1}{x} = 0$$

car la fonction $x \to x$ « l'emporte » sur la fonction *ln*.

Les résultats sont encore valables pour $x \to x^a$ avec $a > 0$

Fort de cette petite astuce, on distingue rapidement au brouillon les cas $x > 0$ et $x < 0$.

1er cas : $x > 0$

On pose le changement de variable $X = x^2$, on a alors :

$$\lim_{\substack{x \to 0 \\ x>0}} 2x\ln(x^2) = \lim_{\substack{X \to 0 \\ X>0}} 2\sqrt{X}\ln(X) = \lim_{\substack{X \to 0 \\ X>0}} 2\sqrt{X} = 0$$

car $X \to \sqrt{X}$ l'emporte sur $X \to \ln(X)$

2e cas : $x < 0$

On remarque au préalable que :

$$2x\ln(x^2) = 2x\ln\left((-x)^2\right) = 4x\ln(-x)$$

(Rappel : on ne peut pas écrire $\ln(x)$ lorsque $x < 0$)

Et par croissances comparées, on a :

$$\lim_{\substack{x \to 0 \\ x<0}} 2x\ln(x^2) = \lim_{\substack{x \to 0 \\ x<0}} 4x\ln(-x) = \lim_{\substack{x \to 0 \\ x<0}} -4(-x)\ln(-x) = \lim_{\substack{X \to 0 \\ X>0}} 4X\ln(X) = 0$$

On valide ainsi dans les deux cas la proposition de l'énoncé.

Réponse : VRAI

Proposition (D)

RAPPEL DE COURS

- Dérivées à mobiliser ici :

$$(uv)' = u'v + uv'$$

$$(\ln(u(x))' = \frac{u'(x)}{u(x)}$$

- Valeur absolue :

$$|x| = x \text{ si } x > 0$$

$$|x| = -x \text{ si } x < 0$$

En appliquant ces formules, on a :

$$f'(x) = 2\ln(x^2) + 2x \times \frac{2x}{x^2} = 2\ln(x^2) + 4$$

Voyons à présent si la proposition de l'énoncé est vraie. Distinguons pour cela deux cas, comme bien souvent lorsque l'on manipule des valeurs absolues.

1**^{er}* ***cas : $x > 0$

$4(\ln(\text{abs}(x)) + 1) = 4(\ln(x) + 1) = 4\ln(x) + 4 = 2\ln(x^2) + 4 = h'(x)$

La relation est donc vraie dans ce cas.

2**^{e}* ***cas : $x < 0$

$4(\ln(|x|) + 1) = 4(\ln(-x) + 1) = 2\ln((-x)^2) + 4 = 2\ln(x^2) + 4 = h'(x)$

La relation est encore vraie.

Réponse : VRAI

EN BREF

Méthode :

- Commencer par analyser le domaine de définition de toute fonction rencontrée
- Distinguer des cas pour analyser une valeur absolue
- Appliquer les règles de dérivées et de croissances comparées

Savoir-faire et astuces mobilisés :

- Se représenter graphiquement les fonctions *exp, ln* et puissances pour mieux retenir les théorèmes sur les croissances comparées
- Se souvenir que $ln(x)$ n'a de sens que si $x > 0$
- Savoir manier le changement de variable ou la distinction de cas pour les calculs de limites

17 Mathématiques

Cas pratique : trinômes du second degré

Fréquence : tous les ans

Difficulté : intermédiaire

Énoncé

Considérons la fonction et l'équation suivantes :

$f_m(x) = mx^2 + 2mx - m - 4$ et (E) : $f_m(x) = 0$

(A) Si m appartient à $]-2\ ;\ 0[$, $f_m(x)$ est négatif

(B) Pour $m = -2$, (E) admet une solution unique égale à 1

(C) Si $m < -4$ alors (E) admet deux racines distinctes dont le produit vaut : $-\left(1 + \frac{4}{m}\right)$

(D) Si (E) admet deux racines distinctes x_1 et x_2 telles que $x_1 < x_2$, alors : $f_m(x) \leq 0$ sur $[x_1\ ;\ x_2]$

Correction détaillée

Ce type d'exercice est redouté des candidats qui souvent font la confusion entre l'inconnue (x) et le paramètre (m). Entendons-nous bien, m est ici un paramètre : selon sa valeur, l'équation aura soit aucune, soit une, soit deux solutions distinctes. Avant de rentrer dans le vif du sujet, rappelons de façon synthétique le cours.

RAPPEL DE COURS

Considérons : $f(x) = ax^2 + bx + c$ et (E) : $f(x) = 0$ $\Delta = b^2 - 4ac$

1er cas : si $\Delta < 0$

- (E) n'admet pas de solution réelle
- $f(x)$ est du même signe que a

2e cas : si $\Delta = 0$

- (E) admet une racine double $x_0 = -\dfrac{b}{2a}$
- $f(x)$ est du même signe que a

3e cas : si $\Delta > 0$

- (E) admet deux racines distinctes $x_1 = \dfrac{-b-\sqrt{\Delta}}{2a}$; $x_2 = \dfrac{-b+\sqrt{\Delta}}{2a}$
- $f(x)$ est du même signe que a à l'extérieur des racines
- $x_1 + x_2 = \dfrac{-b}{a}$ et $x_1 x_2 = \dfrac{c}{a}$

Attaquons à présent ! On constate d'abord que lorsque $m = 0$, l'équation n'a pas de sens. Calculons à présent le discriminant :

$$\Delta = (2m)^2 - 4m(-m-4) = 8m^2 + 16m = 8m(m+2)$$

Pour étudier le signe du discriminant, on fait un tableau de signe :

m	$-\infty$		-2		0		$+\infty$
$8m$		$-$		$-$	0	$+$	
$m+2$		$-$	0	$+$		$+$	
Δ		$+$	0	$-$	$\Vert$	$+$	

On peut à présent distinguer 3 cas, comme le rappel nous le suggère.

1er cas : si $m \in\ ]-2\ ;\ 0[$

Dans ce cas, le discriminant est négatif, (E) n'admet pas de solution et $f_m(x)$ est du même signe que m c'est-à-dire négatif puisque $m \in\ ]-2\ ;\ 0[$. **La proposition A est donc vraie.**

2e cas : si $m = -2$

Dans ce cas, $\Delta = 0$ donc (E) admet une unique solution (racine double) égale à -1. **La proposition B est donc fausse.**

3e cas : si $m \in \,]-\infty\,;-2[\, \cup \,]0\,;+\infty[$

Dans ce cas, $\Delta > 0$ et (E) admet deux racines distinctes x_1 et x_2

et $x_1x_2 = \dfrac{-m-4}{m} = -\left(1+\dfrac{4}{m}\right)$. Lorsque $m < -4$, $m \in \,]-\infty\,;-2[\, \cup \,]0\,;+\infty[$ donc **la proposition C est vraie.** Enfin, si (E) admet deux racines distinctes x_1 et x_2 telles que $x_1 < x_2$, alors nécessairement $m \in \,]-\infty\,;-2[\, \cup \,]0\,;+\infty[$ ce qui signifie d'après le cours que $f_m(x)$ est du signe de m à l'extérieur des racines, donc du signe de $-m$ à l'intérieur des racines c'est-à-dire sur $[x_1\,;x_2]$. Ainsi $f_m(x) < 0$ si $m > 0$ et $f_m(x) > 0$ si $m < -2$. **La proposition D est donc fausse.**

Bilan : VFVF

EN BREF

Méthode :

- Vérifier si certaines valeurs du paramètre ne rendent pas le système incohérent (souvent on prend $m = 0$)
- Calculer le discriminant en fonction du m
- Discuter, selon les valeurs de m, du nombre de racines solutions de l'équation

Savoir-faire et astuces mobilisés :

- Connaître parfaitement le cours
- Savoir faire un tableau de signe

18 Mathématiques

Cas pratique : fonction exponentielle

Fréquence : tous les ans

Difficulté : facile

Énoncé

Soit f la fonction définie sur $[0\,;+\infty[$ par :

$$f(x) = \frac{x^2 + x + 1}{x^2}\,e^{-1/x} \quad \text{pour } x > 0 \text{ et } f(0) = 0$$

Soit (C), sa courbe représentative.

(A) La dérivée de f vérifie : $f'(x) = \frac{x-1}{x^4}\,e^{-1/x}$ pour $x > 0$

(B) La droite d'équation $y = 1$ est asymptote à (C)

(C) La tangente à (C) au point d'abscisse 1 a pour équation $y = 3/e$

(D) $\lim\limits_{\substack{x \to 0 \\ x > 0}} \frac{f(x) - f(0)}{x} = 0$

Correction détaillée

Les exercices de ce type tombent tous les ans. Ce sont le plus souvent des applications directes du cours ou bien des calculs de limites qui répondent aux règles de croissances comparées évoquées dans l'exercice type autour du logarithme. Ici, pour bien aborder l'exercice, il est d'abord nécessaire de rappeler les notions de cours à mobiliser.

RAPPEL DE COURS

- $\left(\frac{f}{g}\right)' = -\frac{f'g - fg'}{g^2}$
- $(uv)' = u'v + uv'$
- $(e^u)' = u' \times e^u$
- $\lim\limits_{x\to\pm\infty} \frac{a + bx + \ldots + cx^n}{a + ex + \ldots + fx^p} = \lim\limits_{x\to\pm\infty} \frac{cx^n}{fx^p}$ (autrement dit, la limite en $\pm\infty$ d'un quotient de polynômes est égale à la limite du quotient des monômes de plus haut degré)
- Si $\lim\limits_{x\to\pm\infty} f(x) = a$ alors on dit que la courbe représentative de f admet une asymptote horizontale en $\pm\infty$ d'équation $y = a$
- Équation de la tangeante à C au point d'abscisse a : $\Delta : y = f'(a)(x - a) + f(a)$

Proposition (A)

On se lance dans un calcul un peu pénible de dérivé puisqu'il y a à la fois un quotient, une multiplication et une fonction composée… En appliquant les trois premières formules du rappel de cours, on obtient alors, pour $x > 0$:

$$f(x) = \frac{x^2(2x + 1) - 2x(x^2 + x + 1)}{x^4} \times e^{-1/x} \frac{x^2 + x + 1}{x^2} \times \frac{1}{x^2} \times e^{-1/x}$$

c'est-à-dire :

$$f(x) = \frac{1 - x}{x^4} \times e^{-1/x}$$

Réponse : FAUX

Proposition (B)

On se sert de la règle sur la limite du quotient d'un polynôme et l'on a :

$$\lim_{x\to+\infty} \frac{x^2 + x + 1}{x^2} = 1$$

Par ailleurs, $\lim\limits_{x\to+\infty} e^{-1/x} = \lim\limits_{x\to 0} e^x = 1$

donc finalement : $\lim\limits_{x\to+\infty} f(x) - 1 = 0$

(C) admet donc bien pour asymptote la droite d'équation $y = 1$

Réponse : VRAI

Proposition (C)

En appliquant la formule de l'équation de la tangente (voir rappel) au point d'abscisse 1, on trouve aisément à l'aide de la dérivée l'équation $y = 3/e$

Réponse : VRAI

Proposition (D)

On a : $\dfrac{f(x)-f(0)}{x} = (x^2 + x + 1) \times \left(\dfrac{1}{x}\right)^3 \times e^{-1/x}$

Or, par les croissances comparées, on a : $\lim\limits_{x\to 0}\left(\dfrac{1}{x}\right)^3 \times e^{-1/x} = \lim\limits_{x\to 0} X^3 e^{-x} = 0$

(n'oubliez pas, l'exponentielle l'emporte sur tout !)

Et comme $\lim\limits_{x\to 0}(x^2 + x + 1) = 1$, on conclut que $\lim\limits_{\substack{x\to 0\\ x>0}} \dfrac{f(x)-f(0)}{x} = 0$

Réponse : VRAI

EN BREF

Méthode :

- Néant

Savoir-faire et astuces mobilisés :

- Connaître parfaitement le cours
- Maîtriser les croissances comparées, les calculs de dérivée et de limites

19 Mathématiques

Cas pratique : systèmes d'équations linéaires

Fréquence : environ tous les deux ans

Difficulté : moyenne

Énoncé

Soit le système (*S*) suivant dont les inconnues sont *x*, *y* et *z* et les paramètres réels sont *a* et *b* :

$$\begin{cases} 4x + 4y + 4z - 2 = 0 \\ 2x + 2y + 4bz - 2b = 0 \\ x + ay + z - 2a = 0 \end{cases}$$

(A) Si $(a\,;b) = \left(0\,;\frac{1}{2}\right)$ alors (*S*) admet au moins deux solutions

(B) Si $a = 1$, (*S*) n'admet pas de solution

(C) (*S*) admet une solution unique si et seulement si $(a\,;b) \neq (0\,;0)$

(D) Si $a = 0$ et $b \neq \frac{1}{2}$ alors (*S*) a pour solution $\left(-\frac{1}{2}\,;\frac{1}{2}\,;\frac{1}{2}\right)$

Correction détaillée

Ce type d'exercice est récurrent aux concours ACCÈS : avec l'entraînement et un peu de lucidité, on parvient le plus souvent à éviter les transformations sur les lignes qui sont bien souvent fastidieuses. Un conseil donc : à chaque étape, posez-vous quelques secondes pour prendre de la hauteur et trouver le chemin le plus court. Dans 99 % (voire 100 %…) des cas, il y a une astuce qui permet de balayer le problème très rapidement.

Premier réflexe que nos souvenirs de sixième ont gravé en nous à jamais : on met à gauche les inconnues, à droite le reste, ce qui donne :

$$(S) \Leftrightarrow \begin{cases} 4x + 4y + 4z = 2 \\ 2x + 2y + 4bz = 2b \\ x + ay + z = 2a \end{cases}$$

On se rend compte qu'on peut aussi diviser par 2 les deux premières équations :

$$(S) \Leftrightarrow \begin{cases} 2x + 2y + 2z = 1 \\ x + y + 2bz = b \\ x + ay + z = 2a \end{cases}$$

Nous pouvons à présent attaquer la validation des propositions de l'énoncé.

Proposition (A)

Si $a = 0$ et $b = \frac{1}{2}$, (S) devient :

$$(S) \Leftrightarrow \begin{cases} 2x + 2y + 2z = 1 \\ x + y + z = \frac{1}{2} \\ x + z = 0 \end{cases}$$

Les deux premières équations sont les mêmes (à un facteur près) donc :

$$(S) \Leftrightarrow \begin{cases} x + y + z = \frac{1}{2} \\ x + z = 0 \end{cases}$$

En remplaçant $x + z$ par 0 dans la première équation, on conclut :

$$(S) \Leftrightarrow \begin{cases} y = \frac{1}{2} \\ z = -x \end{cases}$$

Le système (S) admet donc une infinité de solutions. Et donc, *a fortiori*, le système admet au moins deux solutions.

Réponse : VRAI

Proposition (B)

Si $a = 1$, alors :

$$(S) \Leftrightarrow \begin{cases} 2x + 2y + 2z = 1 \\ x + y + 2bz = b \\ x + y + z = 2 \end{cases}$$

En multipliant la ligne 3 par 2, on a alors :

$$(S) \Leftrightarrow \begin{cases} 2x + 2y + 2z = 1 \\ x + y + 2bz = b \\ 2x + 2y + 2z = 4 \end{cases}$$

Les lignes 1 et 3 sont contradictoires : le système n'admet donc pas de solution.

Réponse : VRAI

▶ Proposition (C)

Nous avons deux possibilités ici. L'une, longue et fastidieuse, consiste à résoudre le système intégralement. L'autre, beaucoup plus astucieuse, consiste à voir ce qu'il se passe lorsque a et b sont nuls.

On a dans ce cas :

$$(S) \Leftrightarrow \begin{cases} 2x + 2y + 2z = 1 \\ x + y = 0 \\ x + z = 0 \end{cases}$$

C'est-à-dire :

$$(S) \Leftrightarrow \begin{cases} 2x - 2x - 2x = 1 \\ y = -x \\ z = -x \end{cases}$$

Et finalement :

$$(S) \Leftrightarrow \begin{cases} x = -\dfrac{1}{2} \\ y = \dfrac{1}{2} \\ z = \dfrac{1}{2} \end{cases}$$

Ainsi, la proposition C est fausse.

Réponse : FAUX

▶ Proposition (D)

Si $a = 0$ et $b \neq \dfrac{1}{2}$ alors :

$$(S) \Leftrightarrow \begin{cases} 2x + 2y + 2z = 1 \\ x + y + 2bz = b \\ x + z = 0 \end{cases}$$

On s'aperçoit qu'on peut faire disparaître aisément x et y dans la deuxième ligne (notée L2), à l'aide de la ligne 1 (notée L1) en remplaçant L2 par L1 – 2L2 et on a :

$$(S) \Leftrightarrow \begin{cases} 2x + 2y + 2z = 1 \\ (2 - 4b)z = 1 - 2b \\ z = -x \end{cases}$$

Puisque, par hypothèse, $b \neq 1/2$, $1 - 2b$ est non nul donc par division dans L2, on a :

$$(S) \Leftrightarrow \begin{cases} 2x + 2y + 2z = 1 \\ z = \dfrac{1 - 2b}{2 - 4b} = \dfrac{1}{2} \\ z = -x \end{cases}$$

On conclut, après calcul :

$$(S) \Leftrightarrow \begin{cases} x = -\dfrac{1}{2} \\ y = \dfrac{1}{2} \\ z = \dfrac{1}{2} \end{cases}$$

Réponse : VRAI

EN BREF

Méthode :

- Mettre les inconnues à gauche, le reste à droite
- Faire des transformations sur les lignes pour faire disparaître des inconnues et ainsi simplifier le système
- Procéder par substitution pour finir le calcul

Savoir-faire et astuces mobilisés :

- Prendre du recul sur le système pour trouver le chemin le plus court
- Penser parfois à analyser la contraposée de la proposition pour gagner en rapidité

2 SYNTHÈSE

3 heures pour réduire un dossier de 14 pages à 350 mots

La synthèse ACCÈS est d'abord une réduction de textes. Il faut savoir fournir les idées essentielles de façon ordonnée et précise.

Dans le concours ACCÈS, le coefficient attribué à la synthèse est légèrement plus faible que celui attribué au raisonnement logique et mathématiques. Il devance nettement ceux de l'épreuve d'ouverture culturelle et d'anglais.

Épreuves : durées et coefficients	ESDES	ESSCA	IÉSEG
Synthèse (3 h)	4	6	6
Raisonnement logique et mathématiques (2 h 30)	6	8	8
Ouverture culturelle (45 min)	6	3	3
Anglais (45 min)	4	3	3
Nombre de places	200	850	800

20 Synthèse

Le dossier

Le dossier de synthèse présente les caractéristiques suivantes :

Nombre de documents	12 textes 1 image : dessin humoristique ou reproduction d'œuvres d'art
Nombre de pages	Environ 14
Nature des textes	Extraits d'ouvrage Articles de presse spécialisée, notamment *Sciences Humaines* Articles de presse généraliste Interview Articles d'encyclopédie Texte littéraire/philosophique (1 seul texte par dossier)
Présentation des textes	L'auteur, les sources sont fournies à la fin de chaque texte
Thèmes	2018 : l'autorité parentale 2017 : la mémoire 2016 : le consumérisme 2015 : les liens entre les femmes et les hommes 2014 : les civilisations 2013 : le travail 2012 : la liberté de la presse 2011 : la gratuité 2010 : les langues 2009 : les inventions technologiques

Les textes sont denses car ils sont souvent retravaillés par le concepteur du dossier pour les raccourcir, enlever les références, les trop nombreuses citations…

21 Synthèse

Les consignes

La première page du sujet comporte des consignes précises qu'il faut respecter :

Consignes	Explications
Respecter l'orthographe et la syntaxe de la langue française	**Le concours ACCÈS est très sélectif.** Les candidats qui font des fautes sont très fortement pénalisés. Vous disposez de 3 heures pour écrire 350 mots (une quarantaine de lignes), vous avez largement le temps de vous relire. Dès lors, les fautes ne sont pas admises.
Soigner la calligraphie	Votre lecteur n'a pas l'obligation de lire votre copie dans son intégralité, si la calligraphie l'oblige à déchiffrer chaque mot. Chaque année des candidats ont 0/20 car la copie est illisible.
Ne pas donner son avis sur le sujet proposé	**Aucune connaissance extérieure ne doit être ajoutée.** Aucun avis personnel n'est autorisé. Vous devez vous en tenir strictement aux propos tenus dans le dossier.
Ne pas faire référence à un document en indiquant son numéro d'ordre, son auteur, son titre	Si dans un texte de votre dossier, vous avez trouvé comme idée essentielle « la liberté d'information s'oppose à la liberté d'expression », vous devez écrire directement dans votre copie : « La liberté d'information s'oppose à la liberté d'expression ». Vous ne devez pas écrire en indiquant le numéro du document : « La liberté d'information s'oppose à la liberté d'expression (doc. 3) »

	Ni mentionner l'auteur : « Selon Raphaël Meyssan, la liberté d'information s'oppose à la liberté d'expression » Ni donner la référence du texte : « Dans le texte, *La fabrique du consentement*, il est expliqué que la liberté d'information s'oppose à la liberté d'expression » **Vous devez reprendre directement les idées tirées des documents.**
Mettre un signe * après chaque groupe de 50 mots	Si vous oubliez de mettre les étoiles tous les 50 mots, votre copie n'est pas corrigée et vous avez 0/20.
Noter le nombre total de mots dans le cadre prévu sur votre copie et vérifier. Le décompte des mots est systématiquement vérifié par les correcteurs.	Les copies fournies, possèdent un petit rectangle dans lequel vous indiquez le nombre de mots que contient votre copie.

Pour bien vous faire comprendre l'importance de respecter ses consignes, deux phrases sont ajoutées :

« Le barème de correction prend en compte tous ces éléments. »

et

*« Le non-respect de l'une au moins des consignes est **fortement pénalisé**. »*

Comme vous pouvez le constater, ces consignes sont précises et claires.

À vous de les respecter pour mettre toutes les chances de votre côté.

22 Synthèse

Les attentes du jury

Dans ce concours, le jury s'attend à ce que le candidat respecte parfaitement les consignes données sur :

1. **Le respect du nombre de mots et son comptage ;**

2. **La nature de l'exercice : une synthèse n'est pas une suite de résumés ;**

3. **L'objectivité : vous devez intégrer tous les documents, même s'ils n'ont pas tous le même intérêt. Vous ne devez pas opérer de choix ;**

4. **La neutralité : vous ne devez pas donner votre avis ;**

5. **Le respect de la langue : vous ne devez pas faire de faute d'orthographe ou de syntaxe ;**

6. **La construction du devoir : vous devez structurer votre propos autour d'un plan.**

23 Synthèse

La gestion du temps

Étapes	Actions	Temps
Découverte du dossier	✓ Lire les consignes ✓ Trouver le thème du dossier ✓ Survoler le dossier ✓ Choisir l'ordre d'étude des documents	**5 minutes**
Prise de notes	✓ Prendre des notes	**1 h 15**
Élaboration du plan	✓ Regrouper les informations ✓ Élaborer le plan ✓ Trouver les titres des parties	**20 minutes**
Rédaction	✓ Faire un premier jet au brouillon ✓ Réduire à 350 mots ✓ Recopier	**1 h 15**
Relecture	✓ Chercher les fautes en commençant la lecture par la fin	**5 minutes**
		3 h

24 Synthèse

La découverte du dossier

1. Trouver le thème du dossier

Comme les dossiers ACCÈS n'ont ni sommaire, ni question… votre premier souci est de trouver le thème du dossier.

Pour cela, **lisez rapidement la première phrase de chaque texte**. Vous verrez apparaître le même mot dans environ la moitié des textes ; c'est le thème de votre dossier.

> Exemple : annale 2011
>
> Les premières phrases de chaque texte sont les suivantes :
>
> Document 1 : « En vieillissant, notre rapport à la gratuité évolue. »
>
> Document 2 : « Annoncée lors de la campagne électorale, par les deux candidats au second tour, selon les mêmes formulations, la promesse de mettre en place la gratuité dans les musées nationaux relève de la décision politique… »
>
> Document 3 : « Dans le passé, était mécène celui qui aimait l'art et les artistes et en devenait le protecteur. »
>
> Document 4 : « La question des frais de scolarité dans les établissements français d'enseignement supérieur mérite d'être posée pour au moins trois motifs. »
>
> Document 5 : « À peine lancée à Paris, en février et mars 2002, la presse quotidienne gratuite rejoignait les caniveaux, sa destination naturelle, à écouter alors un grand nombre de voix dans les médias. »
>
> Document 6 : « En règle générale, le consommateur a perdu beaucoup de lisibilité sur les prix. »
>
> Document 7 : « Aujourd'hui, parlons de Wikipédia. Wikipédia est une encyclopédie particulière, en ligne sur Internet, gratuite et multilingue que nous sommes nombreux à utiliser sans cesse. »
>
> Document 8 : « La nature est, entre autres choses, un stock de ressources pour la vie humaine. »
>
> Document 9 : « Grâce aux progrès de la médecine, un nombre croissant de patients est éligible à la transplantation d'un rein. »
>
> Document 10 : « Sheryl Crow a bien sûr tout avantage à ce que ses fans détournent ses albums et en gravent des copies pour leurs amis. »
>
> Document 11 : « Google permet aux éditeurs de limiter le nombre d'accès gratuit à leurs articles. »
>
> Document 12 (le dessin humoristique) a pour titre : « Un abonnement gratuit à un quotidien pour tous les jeunes de 18 ans ».
>
> **Sur les 12 documents, 6 ont le mot « gratuit » ou le mot « gratuité » dans leur première phrase. Le thème de ce dossier est donc la gratuité.**

2. Survoler

Le dossier ACCÈS n'est pas organisé ; **les textes sont positionnés de façon aléatoire**.

Le survol est, en conséquence, une étape essentielle car elle vous permet de **classer votre dossier**. Vous pourrez ainsi rapprocher les documents qui semblent traiter du même sous thème.

3. Comment survoler ?

Il s'agit de regarder toutes les pages de votre dossier et de lire le premier et le dernier paragraphe de chaque texte et la première ligne de chaque paragraphe.

En effet, les textes qui vous sont donnés sont toujours très structurés. Ainsi, les auteurs :

- débutent tous leurs propos en faisant une introduction ;
- marquent l'articulation de leur pensée en début de paragraphe par des mots de liaison ;
- rédigent une conclusion qui reprend l'essentiel.

Les sources, le nom de l'auteur, de la revue ou du titre du livre, la date… vous donnent des indications sur le niveau de difficulté du document.

Cette lecture ne vous permet pas de prendre connaissance du contenu, mais vous donne une idée du type d'informations qu'il y a dans le texte.

Vous avez aussi une idée de la tonalité du texte (critique, ironique, humoristique…) et de son niveau de difficulté.

Vous pouvez matérialiser cette lecture en annotant le document, en soulignant certains mots, et surtout en notant à côté du titre la ou les idées principales que vous avez trouvées.

Intéressez-vous aussi au dessin qui est souvent le dernier document du dossier : il constitue un bon résumé de l'idée principale.

4. Classer le dossier

À la suite de ce survol, **vous devez choisir dans quel ordre vous allez étudier votre dossier**.

En effet, il est plus judicieux d'étudier les textes qui traitent du même sujet les uns à la suite des autres.

De même, il est préférable de traiter en premier les textes qui semblent importants, c'est-à-dire les textes qui traitent le sujet dans sa globalité.

Le premier document n'est pas toujours le document le plus intéressant ; si vous ne hiérarchisez pas les documents, vous risquez de perdre du temps en prenant des notes sur un document finalement peu intéressant.

Cette première étape de découverte du dossier n'est pas une perte de temps : elle vous en donne **une vision globale du dossier** qui est absolument nécessaire à sa bonne compréhension.

25 Synthèse

La prise de notes

Il s'agit maintenant de **sélectionner les informations** qui se retrouveront dans votre copie, et uniquement ces informations.

Vous allez donc relever les idées essentielles pour chaque document.

Vous devez **prendre des notes sur chaque document** : il n'y a pas de document inutile ! Mais tous les documents n'ont pas la même importance et ne produisent pas le même volume de notes.

Votre prise de notes doit faire 2 ou 3 pages au maximum car vous êtes limités à 350 mots. Il est donc **inutile de faire une prise de notes trop longue**.

Si vous prenez trop de notes, vous serez obligé de refaire un second tri, ce qui est une perte de temps et entraîne toujours de la confusion.

Les documents les plus généraux fournissent plus d'informations. En revanche, les documents qui n'abordent qu'une facette du dossier peuvent ne produire qu'une seule ligne de notes.

Comment prendre des notes ?

Il existe deux façons de prendre des notes :

- **Les notes rédigées :** il s'agit d'écrire directement des phrases grammaticalement correctes, des phrases-synthèses, qu'il faudra ensuite lier et replacer dans votre plan ;
- **Les notes synthétiques :** il s'agit de relever des groupes de mots avec des tirets, sans faire de phrases. Veillez cependant à noter des verbes que vous utiliserez lors de la rédaction, faute de quoi vous aurez des difficultés pour bâtir vos phrases.

Quoi qu'il en soit, votre prise de notes doit faire apparaître des liens de cause à effet, d'explication… entre les informations notées.

Concrètement, vos notes peuvent s'organiser de la façon suivante :

Doc	Idées essentielles	Notes personnelles
Là, vous notez le numéro de votre document	Là, vous notez les idées principales de chaque document. Vous pouvez rédiger directement des phrases synthèse. Vous pouvez aussi prendre des notes de façon plus synthétique.	Vous mettez des mots-étiquettes*, qui permettront, par la suite de bâtir votre plan.

* exemple de mot-étiquette : « causes », « conséquences », « problèmes », « solutions », « limites » …

26 Synthèse
Le plan

Le plan, en synthèse, doit déjà être envisagé comme une organisation des notes que vous avez relevées. Toutes les notes prises lors de la phase précédente doivent trouver leur place dans votre plan détaillé.

Vous avez le choix entre **un plan en 2 ou en 3 parties**. Le corrigé type proposé chaque année par les organisateurs du concours, n'envisage pas une autre option.

Vous regroupez vos notes :

- soit de façon thématique,
- soit de façon dialectique (pour/contre, avantages/inconvénients, atouts/limites…).

Vous veillez au bon équilibre de l'ensemble.

Chaque document (même le dessin) doit trouver sa place.

Il faut ensuite nommer les parties. En effet, les titres sont nécessaires pour annoncer clairement votre plan en fin d'introduction.

Vous devez ensuite établir des liens entre les idées secondaires. Ce travail vous évite de simplement les juxtaposer entre elles. Il ne suffit pas de placer à la suite les idées qui se ressemblent, il faut lier les idées issues de documents différents, pour donner du sens à l'ensemble de la partie.

La note finale qui vous sera attribuée dépend beaucoup de la qualité de ce travail.

Certains textes ne sont utilisés qu'une seule fois dans votre copie.

D'autres textes (2 ou 3 dans chaque dossier) peuvent être placés à plusieurs endroits de votre plan.

1. Structure de l'introduction

Introduction **40 mots environ**	3 phases : **1.** annonce du thème en utilisant un document **2.** problématique sous forme de question **3.** annonce de plan

Exemple d'introduction rédigée (annale 2011, la gratuité)

« Les jeunes actuels hésitent à donner de leur personne à une grande cause. C'est qu'ils baignent dans une logique économique qui se généralise. Cette loi de la rentabilité ferait-elle disparaître tout geste gratuit ? La gratuité demeure aujourd'hui ; ambiguë, elle forge toutefois des valeurs essentielles. »

Phase 1 : « Les jeunes actuels hésitent à donner de leur personne à une grande cause. C'est qu'ils baignent dans une logique économique qui se généralise ».

L'auteur de ce corrigé utilise le document 1 pour introduire le thème.

Phase 2 : « Cette loi de la rentabilité ferait-elle disparaître tout geste gratuit ? ». C'est la problématique, présentée sous forme de question.

Phase 3 : « La gratuité demeure aujourd'hui ; ambiguë, elle forge toutefois des valeurs essentielles. » Cette phrase annonce les trois parties du devoir.

1. **La gratuité existe encore aujourd'hui**
2. **Elle est ambiguë**
3. **Elle véhicule des valeurs**

2. Structure du développement

Développement **270 mots maximum :** 2 × 135 mots si vous optez pour un plan en 2 parties 3 × 90 mots si vous choisissez un plan en 3 parties	Chaque partie doit être organisée comme une démonstration : – Annonce de l'idée principale – Arguments

Exemple d'une partie rédigée (annale 2011, la gratuité – 3e partie)

« Malgré ces ambiguïtés, la gratuité rappelle à l'homme que tout n'est pas monnayable. Elle l'invite à reconsidérer son rapport à la nature, en lui signifiant que celle-ci offre quantité de services gratuits, mais vitaux*, qui vont de la biodiversité aux équilibres écologiques. Elle lui redit que son travail, au-delà des impératifs économiques, revêt un sens qui transcende les lois du marché. Elle lui octroie enfin sa dignité humaine ; un homme ne saurait en effet ni se vendre ni s'acheter, ce qui justifie* la gratuité du don d'organes. »

L'idée de ce dernier paragraphe est clairement énoncée au début : « Malgré ces ambiguïtés, la gratuité rappelle à l'homme que tout n'est pas monnayable ».

Le reste de la partie utilise trois idées tirées de trois documents différents pour former un tout logique.

3. Structure de la conclusion

Conclusion **40 mots environ**	Interdiction de récapituler l'ensemble du propos. Mais il est possible de reformuler d'une phrase l'idée essentielle du dossier. Ouverture en utilisant 1 ou 2 textes du dossier.

Exemple de conclusion (annale 2013 – Le travail)

« Reflet de notre société, le travail est une valeur instable, fluctuante, contradictoire. Il est devenu un univers ambigu, flou, au point qu'on ignore même ce que font exactement certains salariés dans leurs fonctions*. »

Cette conclusion est constituée de deux documents. Vous constatez qu'elle ne récapitule pas l'ensemble du développement. L'auteur a utilisé le texte qui récapitule le mieux la vision actuelle du travail : « Reflet de notre société, le travail est une valeur instable, fluctuante, contradictoire ». Ce n'est pas une appréciation personnelle, c'est une idée contenue dans un document.

Il a choisi ensuite un texte particulier qui traduit la difficulté à cerner le travail : « on ignore même ce que font exactement certains salariés dans leurs fonctions ».

Finalement, l'auteur de cette conclusion établit le lien entre les deux textes : « au point qu' ».

27 Synthèse

La rédaction

La principale contrainte tient dans le respect des 350 mots.

Vous avez une marge de 10 %, soit entre 315 et 385 mots. Pour obtenir une note optimale, il faut viser les 350 mots, cela plaît beaucoup aux correcteurs.

Vous ne devez jamais faire référence aux documents, même entre parenthèses, ni citer les auteurs.

Le comptage des mots est fastidieux, mais vous devez en passer par là puisque vous devez mettre une * tous les 50 mots.

Le mot

Les États-Unis = 3 mots

Cette proposition a-t-elle une chance d'aboutir ? = 9 mots

35 % = 1 mot

SNCF = 1 mot

1986 = 1 mot

C'est-à-dire = 4 mots

Toute lettre, séparée d'une autre est considérée comme un mot.

En revanche les signes de ponctuation (virgule, tiret, apostrophe…) ne comptent pas.

Les correcteurs ACCÈS sont particulièrement vigilants et toute erreur sera perçue comme une tentative de tromper votre lecteur. Ne prenez donc aucun risque et soyez honnête dans votre comptage.

Lors de la rédaction au **brouillon**, vous devez avoir pour objectif d'atteindre les 380/400 mots.

Ce travail sera ensuite bonifié par un exercice de réduction qui vous permettra d'atteindre les 350 mots désirés.

La phrase

Les phrases doivent être courtes : pas plus de trois lignes manuscrites.

Les phrases doivent être articulées : elles commencent par un mot de liaison (en effet, ainsi, en conséquence…).

Les phrases doivent contenir un vocabulaire précis, celui du dossier.

Pour être clair, votre propos doit être précis : il faut utiliser le vocabulaire présent dans les textes qui, bien souvent, n'a pas de synonyme.

Les citations sont interdites. En effet, une citation doit indiquer son auteur. Or, vous ne devez jamais citer les auteurs.

28 Synthèse
La réduction

Au brouillon, **vous devez réduire le nombre de mots afin d'atteindre les 350 mots.**

Vous devez donc utiliser les techniques suivantes :

Techniques	Exemples	Conseils
Remplacez les phrases de questionnement par des questions directes	Ainsi, il faut se demander si la créativité est réservée aux seuls artistes. (12 mots) Dès lors, la créativité est-elle réservée aux seuls artistes ? (8 mots)	C'est très pratique pour annoncer le plan en fin d'introduction et pour énoncer les problématiques en début de paragraphe. Ne pas abuser, se limiter à 3 ou 4 questions dans l'ensemble du devoir.
Bannissez les expressions voraces en mot : c'est-à-dire, il y a, c'est … qui	C'est la réduction des effectifs qui va permettre une meilleure rentabilité. (12 mots) Ainsi, la réduction des effectifs permettra une meilleure rentabilité. (8 mots)	Ce gain de mots vous permet souvent de pouvoir ajouter un mot de liaison.
Supprimez les propositions subordonnées et remplacez-les par des incises ou des participes présents	Le débat sur la transition énergétique, qui a été initié par Mme Batho… (13 mots) Le débat sur l'identité nationale, initié par Mme Batho… (10 mots) Les bloggeurs chinois qui craignent d'être emprisonnés à cause de leurs prises de positions, ont trouvé refuge au Japon (20 mots) Les bloggeurs chinois, craignant d'être emprisonnés pour leurs prises de positions, trouvèrent refuge au Japon (16 mots)	Certaines propositions subordonnées ne sont pas supprimables.

Techniques	Exemples	Conseils
Chassez « aller » et « faire », lorsqu'ils sont utilisés comme auxiliaires	va permettre = permettra fait penser = évoque	À utiliser sans modération, cela relève votre niveau de langue.
Chassez les mots superflus : adjectifs, adverbes…	Les tout premiers utilisateurs ont très vite compris… (8 mots) Les premiers utilisateurs ont vite compris… (6 mots)	Faites bien la différence entre ceux qui sont nécessaires parce qu'ils apportent une nuance, et ceux qui relèvent plus du tic d'écriture.
Utilisez les adverbes en -ment (à condition de savoir les orthographier)	Dans le même temps (4 mots) Concurremment (1 mot) Conjointement (1 mot) Parallèlement (1 mot)	Attention, c'est lourd, il faut donc user de ces adverbes avec parcimonie : 3 ou 4 dans l'ensemble du texte.
Utilisez judicieusement les signes de ponctuation : « : » indique une relation de cause à effet, il peut donc remplacer un mot de liaison	La mondialisation des produits culturels entraîne une uniformisation des goûts cinématographiques parce que le cinéma américain bénéficie de réseaux de distribution puissants. (22 mots) La mondialisation des produits culturels entraîne une uniformisation des goûts cinématographiques : le cinéma américain bénéficie de réseaux de distribution puissants. (20 mots)	

29 Synthèse
La copie au propre

La **mise en page** fait partie de la rédaction : elle facilite grandement la lecture de votre copie.

Utilisez tous les outils à votre disposition :

- Sautez une ligne entre l'introduction et le développement et entre le développement et la conclusion et entre les différentes parties du développement ;
- Utilisez le retrait : aller à la ligne et aller à la ligne avec un retrait n'a pas la même signification.

La recherche des fautes d'orthographe

Les dernières minutes doivent être consacrées à la recherche d'éventuelles fautes d'orthographe. Il faut garder à l'esprit que **les fautes sont très pénalisantes** et qu'un texte qui comporterait plus de 5 fautes a peu de chance d'être bien noté.

La faute est une gêne pour le correcteur qui est obligé d'interrompre sa lecture, pour chercher ce qui ne va pas dans la phrase ; c'est aussi une question de principe : les écoles de commerce ne peuvent pas délivrer de diplôme aux personnes qui ne maîtrisent pas les fondamentaux de la langue, compte tenu de vos futurs postes dans la hiérarchie de l'entreprise.

La synthèse offre un avantage indéniable : les mots utilisés dans votre devoir sont issus des textes.

Ainsi les fautes d'orthographe d'usage (consonnes redoublées, en/an, ss/t…) sont inadmissibles puisqu'il vous suffit de recopier les mots écrits dans les textes.

Les fautes qui sont les plus pénalisantes sont les confusions grammaticales (ont/on, à/a, peu/peut…). Elles ne sont jamais pardonnées car elles touchent à la structure même de la phrase, à son sens.

Quant aux fautes d'accord (sujet/verbe, nom/adjectif, participe passé…), il faudra veiller à ce qu'il n'en reste aucune.

Pour ce faire, **relisez votre texte en commençant par la dernière phrase**. Privée de sens, cette lecture vous obligera à vous concentrer sur les accords.

Vous en profiterez pour vérifier que votre écrit est bien accentué. En effet, toute faute d'accent est une faute d'orthographe.

30 Synthèse

Comment perdre des points ?

Certaines erreurs sont rédhibitoires aux yeux des correcteurs.

1. Ne pas respecter les consignes

Faire des fautes d'orthographe et/ou de syntaxe.

Ne pas compter les mots.

Donner son avis/Ajouter des informations extérieures au dossier.

> Toutes ces consignes sont inscrites sur la première page du dossier. Ne pas les respecter, c'est refuser d'entrer dans le cadre de l'épreuve.

2. Recopier les passages entiers des documents au lieu de reformuler

> Vous devez faire cet effort pour retranscrire les idées des textes sans en recopier des phrases entières.
>
> Pour autant, il faut demeurer neutre et objectif : reformuler ne signifie pas interpréter.

3. Ne pas utiliser tous les documents

> Il est facile de produire un texte de 350 mots en 3 heures si vous mettez de côté certains textes !
>
> En revanche, incorporer la totalité des documents (y compris le dessin) dans cet espace réduit de 350 mots est autrement plus difficile.
>
> Certains documents sont beaucoup plus délicats à placer que d'autres ; c'est précisément sur votre capacité à les intégrer dans votre copie que vous serez jugé.

4. Ne pas structurer sa copie

> La synthèse est, certes un exercice différent des dissertations ou commentaires réalisés durant votre scolarité, dans son contenu, mais dans sa forme, elle se rapproche de ces exercices : introduction, développement en 2 ou 3 parties et conclusion.

5. Faire une suite de résumés

> Juxtaposer les résumés des différents documents, sans établir des liens entre les textes, ne peut vous permettre d'obtenir une bonne note. Pour vous aider à comprendre la différence entre une suite de résumés et une synthèse, vous pouvez lire les corrigés-types mis en ligne sur le site internet du concours ACCÈS.

31 Synthèse

Comment gagner des points ?

1. Énoncer clairement une problématique dans l'introduction

Exemples de problématiques telles qu'elles sont énoncées dans l'introduction des corrigés officiels :

« Dans quelles mesures les libertés de l'information et de l'expression sont-elles aujourd'hui reconnues et effectives » (2012)

« Toute nouveauté technique suscite donc espoirs et inquiétudes. Qu'en est-il des innovations permanentes de la technologie numérique ? » (2009)

« Dans quelle mesure le travail peut-il être considéré comme une authentique valeur humaine ? » (2013)

« La nourriture se réduirait-elle à assurer la santé ? » (2008)

2. Densifier le propos

Les bonnes copies sont celles qui réussissent à fournir, dans le cadre des 350 mots, plus d'informations que les autres. Dans celles-ci, le propos est dense : cela signifie qu'il n'y a aucun mot superflu.

3. Adopter un style élégant

Un vocabulaire précis, une syntaxe variée (apposition, usage du point virgule…) permettent de produire un écrit plus élégant, plus léger, qui séduit, à coup sûr votre correcteur.

3 ANGLAIS

32 Anglais — Présentation

1. Format et contenu

L'épreuve écrite d'anglais ACCÈS se décompose en deux grandes parties.

La première ***grammar and vocabulary*** comporte 30 questions, elle-même comportant 4 items, visant à évaluer votre niveau de grammaire, vocabulaire et orthographe. Le niveau requis est celui atteint à la fin du lycée (soit le niveau B1 du référentiel Européen).

Exemple : question 10)

A. *What percentage of American children watch TV at night?*
B. *How many time do German children spend in front of their computer?*
C. *How many children did you see at school?*
D. *Where does she goes?*

Comme vous pouvez le constater, **les items sont groupés de manière assez arbitraire**, rien ne les lie grammaticalement, logiquement ou thématiquement. Pour chaque item, vous devez indiquer sur la grille de notation s'il est vrai en noircissant la case sous la lettre V, ou bien faux en noircissant la case sous la lettre F. Ce qui nous donne pour la question 10 :

La seconde partie ***reading comprehension*** comporte deux textes courts extraits d'articles de presse portant sur l'actualité internationale et des faits de société. Chaque texte est suivi de 10 questions de compréhension, comportant ici aussi 4 items. Le report des réponses sur la grille de notation obéit aux mêmes règles que dans la première partie.

2. Durée, coefficient et notation

L'épreuve dure 45 minutes. Le coefficient est de 3/20 pour IESEG et ESSCA et de 4/20 pour ESDES. L'attribution des points se fait selon les règles suivantes : vous disposez d'un capital de points au début de l'épreuve. Vous augmentez ce capital en donnant une bonne réponse ou en répondant correctement aux 4 items d'une question (système de bonus). Vous entamez ce capital en donnant une mauvaise réponse (pénalité P) ou en ne répondant pas (pénalité p). P est supérieur à p.

3. Conseils stratégiques

- **Gestion du temps :** l'appellation QCM est très trompeuse. En réalité vous devez traiter chacune des 4 propositions de chaque question de manière **indépendante**, ce qui signifie que vous devrez répondre à 160 questions et lire 2 textes courts en 45 minutes. En imaginant que la lecture et l'analyse des deux textes vous prennent 10 minutes en tout, il ne vous restera que 35 minutes/160 questions = 13 secondes par item. Arrondissons à 10 secondes par item en prenant en compte le moment de relecture.

  Idéalement, vous devriez donc ne passer qu'**1 minute par question**. Évidemment il ne s'agit pas de regarder sa montre toutes les minutes ce qui serait contre-productif. Vérifiez que vous êtes dans les temps toutes les 10 questions par exemple.

- **Report des réponses :** il est possible que vous n'ayez jamais été confronté à la grille de notation américaine. Une remarque de bon sens : écrivez au **crayon à papier** et munissez-vous d'une gomme. Les seules réponses admises seront celles qui obéissent aux règles énoncées plus haut. Vous ne pouvez pas, par exemple, barrer une première réponse erronée et entourer la réponse bonne. L'ordinateur qui va corriger votre examen ne connaît pas cette astuce.

- **En cas de doute :** sachant qu'une mauvaise réponse vous pénalise plus qu'une absence de réponse, il paraît évident qu'**il vaut mieux vous abstenir si vous doutez**. Une exception peut-être : si le bonus de points accordé à 4 bonnes réponses est à portée. Et encore, ce bonus ne vaut pas la peine de perdre 2 minutes sur un item. Gardez en tête le guide 1 question = 1 minute et notez le numéro des questions auxquelles vous n'avez pas répondu, ou sur lesquelles un doute subsiste, pour pouvoir plus facilement les retrouver à la fin de l'épreuve, s'il vous reste du temps. Mais soyons honnêtes : cette épreuve est difficile. Vous n'aurez probablement pas le temps de finir, ce qui n'augure en rien de vos chances de réussite. C'est un concours : vous devez « seulement » faire mieux que les autres candidats.

Partie *reading comprehension* : les textes sont dans l'immense majorité des cas tirés des publications classiques (magazines : *Time Magazine, Newsweek, The Economist* / Journaux : *New York Times, The Guardian, The Independent*). Vous savez donc où aller chercher des exemples pour vous entraîner. Un conseil le jour de l'épreuve : **lisez les questions avant de lire le texte correspondant**, car dans cette partie les items sont groupés par thème. Vous saurez ainsi où concentrer votre attention. De même n'hésitez pas à souligner des passages du texte ou à mettre en évidence sa structure logique : personne ne verra l'état de votre copie puisque vous ne rendez que la grille de notation.

33 Anglais

Conjugaison : les temps, leur formation et fonction

1. La construction des temps en anglais

La conjugaison anglaise obéit à des règles de construction qui ne varient jamais. Le verbe peut être mis à trois formes en anglais :

- La **base** (infinitif sans « *to* ») est toujours employée avec les modaux et l'auxiliaire « *to do* ».
- Le **gérondif** (base + « -ing ») est toujours employé avec l'auxiliaire « *to be* ».
- Le **participe passé** (base + « -ed » *ou troisième colonne des verbes irréguliers*) est toujours employé avec l'auxiliaire « *to have* ».

Nom du temps	Present	Past	Modaux
SIMPLE = *TO DO*	▶ ***Does** he work?* ▶ *He work**s***	▶ ***Did** he work?* ▶ *He work**ed***	▶ ***Will** he work?* ▶ *He **will** work*
CONTINUOUS = *TO BE*	▶ ***Is** he work**ing**?* ▶ *He **is** work**ing***	▶ ***Was** he work**ing**?* ▶ *He **was** work**ing***	▶ ***Would** you **be** work**ing**?* ▶ *He **would be** work**ing***
PERFECT = *TO HAVE*	▶ ***Has** she work**ed**?* ▶ ***She** has work**ed***	▶ ***Had** he work**ed**?* ▶ *He **had** work**ed***	▶ ***Should** he **have** work**ed**?* ▶ *He **should have** work**ed***
PERFECT CONTINUOUS = *TO HAVE + TO BE*	▶ ***Has** she **been** work**ing**?* ▶ *She **has been** work**ing***	▶ ***Had** he **been** work**ing**?* ▶ *He **had been** work**ing***	▶ ***Will** you **have been** work**ing**?* ▶ *He **will have been** work**ing***

2. La fonction des temps en anglais

A. Le *present simple*

Le *present simple* (auxiliaire « *do* ») est le **temps des généralités** :

- « *What **do** you **do**?* » (« que faites-vous dans la vie ?, quel est votre métier ? »).

L'action n'est connectée à aucun moment en particulier.

C'est aussi le **temps des habitudes** :

- « *I **play** tennis every Sunday.* » (« Je joue au tennis tous les dimanches. »)

On peut aussi employer le *present simple* pour un **futur certain** (que le locuteur envisage comme certain) :

- « *The plane **takes off** tomorrow at 10:15 am. Don't be late.* » (« L'avion décolle demain à 10 h 15. Soyez à l'heure. »)

B. Le *present continuous*

Le *present continuous* (auxiliaire « *be* »), à l'inverse, **connecte l'action au moment d'énonciation** : au moment où la phrase est prononcée, l'action est en train de s'accomplir. Elle a commencé et n'est pas terminée.

- « *Sarah **is watching** TV.* » (« Sarah est devant la télé en ce moment même. »)

⚠ **ATTENTION** L'astuce classique qui consiste à ajouter « en train de » vous pousse souvent à surinterpréter l'emploi de ce temps. Regardez :

- « *I **am watching** the first season of* Game of Thrones » n'implique absolument pas que vous soyez devant votre téléviseur quand vous prononcez cette phrase. Cela signifie juste que vous avez commencé la saison 1 et que vous ne l'avez pas encore terminée.

Le *present continuous* est aussi (rarement) le temps des **actions/situations futures planifiées** :

- « *I'm seeing my lawyer next week.* » (« J'ai rendez-vous avec mon avocat la semaine prochaine. »)

C. Le *past simple*, temps du récit

Oubliez tout de suite cette vieille idée que le *past simple* est le temps des actions terminées. C'est vrai, mais cela ne vous aidera jamais à choisir le bon temps (la plupart des actions exprimées par le *present perfect* sont elles aussi terminées).

Plus efficace : le *past simple* est le temps du récit. Il permet de se projeter dans le passé, sans prendre en compte le moment d'énonciation. Il s'accompagne systématiquement d'un repère temporel passé.

- « *I **visited** the Sagrada Familia **last month**. It's impressive.* »

Si vous trouvez dans vos questions de QCM les indications temporelles suivantes, vous devez employer le *past simple* :

- « *Ago* » → « *I last saw him 15 years ago.* »
- « *Yesterday* » → « *They called me yesterday.* »
- « *Last* » + période → « *I didn't go to the cinema last week/month/year.* »
- Les années révolues → « *The Berlin wall fell in 1989.* »
- Les siècles révolus → « *Electricity was discovered in the 19th century.* »

Le *past simple* est aussi le temps du présent irréel (voir fiche conditionnel).

- « *It's high time we left* » = il est grand temps que nous partions (et nous ne sommes pas en train de partir = présent irréel).

D. Le *present perfect*, temps du bilan

Inversement, le *present perfect* est le temps qui permet de récapituler. On peut se le représenter ainsi : vous êtes dans le moment présent mais regardez vers le passé. Il s'emploie en l'absence de repère temporel passé :

- « ***I have taken** four exams this month. I'm exhausted.* » (On ne sait pas quand vous avez passé ces concours et on s'en contrefiche. Ce qui importe, c'est le nombre et le résultat.)

⚠ **ATTENTION** Le verbe « *to go* » est porteur d'une difficulté.

- « *He **has gone to** work* » = il est parti au travail et y est encore.
- « *He **has been to** work* » = il est allé au travail et en est revenu. Notez la préposition « *to* » qui indique le déplacement.

Si vous trouvez dans vos questions de QCM les indications temporelles suivantes, vous devez employer le *present perfect* :

- « *Recently* » → « *I haven't seen him recently.* »
- « *Lately* » (dernièrement) → « *Economic news haven't been very good lately.* »
- « *Just* » → « *They have just come out of the building.* »
- « *Not yet* » → « *I haven't finished that report yet.* »
- « *Never* » (jamais de toute votre vie) → « *I've never eaten frogs.* »
- « *Already* » → « *When's John leaving?* » « *– He has already left.* »
- « *Today* » → « *She has had six coffees today.* »
- « *This* » + période → « *She has been to the cinema 4 times this week/month/year.* »
- « *It's the first time* » → « *It's the first time I've travelled by plane.* »

34 Anglais

Conjugaison : les verbes modaux

1. *Can, could, to be able to*

« *Can* » est le modal qui exprime une capacité physique ou intellectuelle :

- « *It's fine, you can throw him in the swimming-pool. He can swim.* »

Comme tous les modaux, il ne se conjugue pas. Si l'on souhaite utiliser un temps autre que le présent, on le remplace par « ***to be able to*** ».

- « *I'm learning to swim. In six months, I will be able to swim very easily.* »

« *Can* » peut aussi traduire la notion d'autorisation ou permission :

- « *You can't park your car in front of a garage door.* »

« *Could* », version conditionnelle de « *can* », s'emploie pour demander la permission de manière polie :

- « *Could I have a beer, please?* »

Ou pour parler de la capacité de manière hypothétique :

- « *If I had nothing to do, I could spend the rest of my life on the Internet.* »

2. *May, might, to be allowed to, to be likely to*

« *May* » est le modal qui permet de demander la permission de faire quelque chose :

- « *May I leave the table, please?* »

À la forme affirmative, il permet logiquement de dire que quelque chose est autorisé :

- « *Only paying guests may use the hotel swimming-pool.* »

Si l'on doit conjuguer à un temps autre que le présent, on emploie l'expression « ***to be allowed to*** » :

- « *East Germans were not allowed to leave East Germany until 1989.* »

« *May* » sert aussi à dire que quelque chose est probable :

- « *It may rain tomorrow* » signifie « il se peut qu'il pleuve demain ».

Si l'on doit conjuguer à un temps autre que le présent, on emploie l'expression « ***to be likely (to)*** » :

- « *I was hoping to get into this school, but it wasn't very likely* » signifie « J'espérais intégrer cette école, mais j'avais peu de chances ».

On ne prend pas vraiment parti en utilisant « *may* ». Prenez l'habitude de le traduire avec la tournure « il se peut que… » qui, elle aussi, est neutre.

« ***Might*** », conditionnel de « *may* », est de moins forte intensité. Il exprime donc l'idée qu'il y a peu de chances que quelque chose se produise, même si l'on ne peut pas dire que c'est impossible :

- « *I might be late to your party* » (= je pense arriver à l'heure mais il se pourrait que j'aie du retard).

3. *Must, should, to have to*

« *Must* » est le modal qui exprime l'obligation :

- « *I must learn my irregular verbs.* »

Comme tous les modaux, il ne se conjugue pas. Si l'on souhaite exprimer l'obligation au passé ou au futur, on emploie « *to have to* » :

- « *My car broke down yesterday. I had to walk back home.* »

Attention aux formes négatives. Traduisez systématiquement « *must* » par « devoir » (je dois/ je ne dois pas = interdiction) et « *to have to* » par « être obligé » (je suis obligé/je ne suis pas obligé = absence d'obligation).

« *Should* », conditionnel de « *must* », en est une version atténuée. Comme en français, il traduit l'idée de conseil :

- « *You really should quit smoking.* »

À la forme négative, il exprime le reproche :

- « *You shouldn't be here. This is private property.* »

« *Must* » permet aussi d'émettre des hypothèses avec une forte certitude :

- « *You haven't eaten for 12 hours. You must be starving* » = tu dois mourir de faim.

4. *Will* vs *to be going to*

« *Will* » et « *to be going to* » ont chacun deux emplois, selon que l'on se place dans le domaine de la **prédiction** ou de l'**intention**.

Expression de l'intention dans l'avenir

Quand on exprime l'intention d'un locuteur (vous ou un autre) dans l'avenir, « *will* » et « *to be going to* » distinguent respectivement les **décisions spontanées** des **intentions préméditées** :

- « *Julie is in the hospital.* »
- « *Really? I **will** go and visit her, then.* »

Vous venez d'apprendre que Julie est à l'hôpital. Votre décision de lui rendre visite est une **réaction** à cette nouvelle. À l'inverse :

- « *Julie is in the hospital.* »
- « *I know, it's awful! **I'm going to** visit her tomorrow.* »

Ici, au moment où vous parlez, vous avez déjà décidé de lui rendre visite. On trouve dans « *to be going to* » une notion de **préméditation**.

Prédiction d'événements futurs

Gardons en tête cette notion de préméditation, elle s'applique d'une certaine manière aussi dans ce domaine. En effet, là où « *will* » n'engage que votre **opinion**, « *to be going to* » indique que votre prédiction est fondée sur l'**enchaînement logique des événements**. Regardez attentivement :

- « *I believe that France **will** win the next World Cup.* » Au moment où cette phrase est prononcée, la coupe du Monde est dans deux ans. Vous n'avez aucun moyen de rendre cette prédiction plus sûre. **Vous n'exprimez que votre opinion en la matière**.
- Le match France-Italie en est à sa 88e minute. La France mène 7 buts à 1. « *That's it. France **is going to** win.* » Ici, **votre prédiction de victoire se base sur la situation actuelle**. À quelques minutes du coup de sifflet final, il semble difficile d'imaginer que la France puisse perdre.

⚠ **ATTENTION** Le dernier exemple pourrait vous amener à croire que « *to be going to* » ne s'emploie que pour le futur proche. Ce n'est pas le cas, on ne distingue pas réellement les futurs proche et lointain en anglais.

⚠ **ATTENTION** Les subordonnées temporelles futures sont toujours conjuguées à l'aide d'un temps présent *(simple, continuous* ou *perfect*). On n'emploie jamais « *will* » ou une autre tournure du futur.

- « *When you **earn** enough money, you will be able to buy a car.* »

35 Anglais
Conjugaison : la notion d'aspect

1. L'aspect *continuous*

L'auxiliaire « *be* » permet de connecter l'action ou la situation décrite au moment d'énonciation. Ce moment est souvent le moment présent (c'est le *present continuous*) mais peut aussi être déplacé ; il devient alors un point de repère pour l'énonciation.

A. Point de repère passé ou futur

On dira donc :

- « *I **saw** the film* Prometheus *yesterday* » (l'action est considérée seule).
- Mais « *Yesterday at 09:00 pm, I **was watching*** Prometheus » (l'action est mise en rapport avec le repère temporel « *09:00 pm* », moment où elle était en train de s'accomplir).

On peut de la même manière déplacer le repère temporel vers le futur :

- « *This time next week, I **will be relaxing** on a beach in Hawaï* » (vous savez exactement ce que vous serez en train de faire dans exactement une semaine).

B. Point de repère modal

Prenons un exemple pour poser la discussion :

- « *It's January. I am in Siberia. Of course **I'm freezing**!* » = je meurs de froid (figurativement, bien sûr).

Maintenant, imaginez que vous receviez un appel d'un ami qui vous annonce être en Sibérie. Vous pouvez facilement **déduire** qu'il est en train de mourir de froid. On peut utiliser « *must* » pour tirer la conclusion que votre ami **doit être en train** de mourir de froid :

- « *– Guess what : I'm in Siberia!* »
- « *– Wow, you **must be freezing**!* » (« *must* » = déduction logique, « *be* » = cette déduction s'applique au moment présent).

Tous les modaux peuvent être mis à l'aspect *continuous*.

- (À 5 minutes de la fin de l'examen) « *You **should be checking** your answers* » = vous devriez être en train de relire vos réponses une dernière fois.

2. L'aspect *perfect*

L'auxiliaire « *have* » permet essentiellement en anglais de parler du passé d'un moment d'énonciation. Comme pour l'aspect *continuous*, l'emploi de l'aspect *perfect* dépend du point de repère temporel ou modal de l'énonciation. Il recouvre très souvent la notion d'**antériorité**.

A. Point de repère passé ou futur

On dira donc :

- « *I went to China last year* » (l'action passée est considérée seule).
- Mais « *Until I went to China last year, I* ***had never seen*** *a panda bear* » (« avant d'aller en Chine l'an dernier, je n'avais jamais vu de panda »). On doit employer ici le ***past perfect***, parce que **le point de repère temporel est dans le passé**.

On peut aussi prendre un point de repère futur : vous passez un concours dans trois mois et n'avez pas encore révisé vos verbes irréguliers. Vous dites :

- « *I* ***haven't*** *really* ***learnt*** *all the irregular verbs* » (aujourd'hui), mais vous promettez :
- « *Before I take the exam in 3 months, I* ***will have learnt*** *the irregular verbs.* »

Le point de repère est dans l'avenir, il faut donc employer un **future *perfect***.

B. Point de repère modal

Le jour de l'anniversaire de votre mère, vous pensez :

- « *I* ***should call*** *my mother* » (« je devrais appeler ma mère » = recommandation dans le présent).

Le lendemain de l'anniversaire de votre mère, que vous avez oublié, vous dites :

- « *I* ***should have called*** *my mother* » (« j'aurais dû appeler ma mère » = recommandation qui s'applique à une situation passée).

Autre exemple : vous attendez un ami avec qui vous étiez censé prendre un verre. Cela fait une heure, vous pouvez émettre avec « *must* » l'hypothèse portant sur le passé :

- « *He* ***must have forgotten.*** » (« Il a dû oublier. »)

Tous les modaux peuvent être mis à l'aspect ***perfect***.

3. L'aspect *perfect continuous*

Cet aspect s'emploie principalement quand on veut insister sur la durée, le déroulement d'une action. Contrairement à l'aspect *perfect* « pur », une phrase conjuguée au *perfect continuous* ne peut contenir d'information chiffrée représentant un bilan.

Ainsi, comparez :

- « *I* ***have been training*** *to run a marathon* » (« cela fait un certain temps que je me prépare à courir un marathon »).
- « *I* ***have run*** *4 semi-marathons so far* » (« j'ai couru 4 semi-marathons jusqu'ici »).

36 Anglais

Conjugaison : le conditionnel

1. Les 3 types de conditionnel

Toutes les phrases conditionnelles sont construites de la même manière :

- « ***If*** *it rains tomorrow* → *we* ***will*** *stay home* » (type 1, réel).
  Condition → conséquence

« *If* » introduit toujours la condition ou une hypothèse dont découle la conséquence.

A. Type 1, conditionnel exprimant une condition réelle

On est ici ancré dans le réel. La condition et la conséquence peuvent se réaliser. La condition est toujours au *present simple*, la conséquence se conjugue avec « *will* » :

- « ***If*** *the crisis* ***continues****, many people* ***will*** *lose their job.* »

⚠ **ATTENTION** Dans un registre soutenu, on remplace « if » par « should » → « ***Should*** *the crisis* ***continue****, many people will lose their job.* »

B. Type 2, conditionnel exprimant une hypothèse dans le présent

On se place ici dans le domaine hypothétique, irréel. L'hypothèse est au *past simple*, la conséquence se conjugue avec « *would* » :

- « ***If I lived*** *near Fukushima, I* ***would not*** *feel safe.* »

⚠ **ATTENTION** Le *past simple* de l'hypothèse ne parle pas du passé mais d'une situation imaginaire actuelle (comme l'imparfait utilisé en français, du reste : « si je vivais près de Fukushima » est bien une hypothèse présente).

Attention aussi au **verbe « être »** : même s'il s'agit d'un archaïsme, on peut le trouver ici sous la forme « *were* » à toutes les personnes :

- « *If I were you* » = « si j'étais vous ».

C. Type 3, conditionnel exprimant une hypothèse dans le passé

Dernier cas de figure, on envisage une hypothèse dans le passé. L'hypothèse est au *past perfect*, la conséquence se conjugue avec « ***would have*** » si elle-même se trouve dans le passé ou « ***would*** » seul si elle se trouve dans le présent :

- « ***If I had grown up*** *in London, I* ***would have*** *learnt to speak English* » (« Si j'avais grandi à Londres, j'aurais appris à parler anglais ») : conséquence passée.
- « ***If I had grown up*** *in London, I* ***would*** *speak English today* » (« Si j'avais grandi à Londres, je parlerais anglais aujourd'hui ») : conséquence présente.

⚠ **ATTENTION** En anglais littéraire, on peut faire disparaître « *if* » du type 3 par le biais d'une inversion sujet-auxiliaire. « ***If*** *I had grown up in London* » = « ***had I*** *grown up in London* ». Ce piège est très fréquent.

2. *Wish* et l'expression du regret

A. Le regret dans le présent

Imaginez que vous receviez une carte postale d'un ami en vacances à Hawaï avec le message suivant : « *I wish you were here.* » Votre ami ne vous invite pas à le rejoindre : il regrette votre absence en ce moment. Le verbe qui suit « *wish* » est conjugué au *past simple* qui a ici une valeur d'irréalité (comme au conditionnel type 2) :

- « *I wish* ***I had*** *a million dollars.* » (« Si seulement j'avais un million de dollars. »)
- « *I wish* ***I looked*** *like Brad Pitt.* » (« Si seulement je ressemblais à Brad Pitt. »)

ASTUCE Traduisez systématiquement dans votre tête « *wish* » par « si seulement ». La présence d'un imparfait en français devrait vous mettre la puce à l'oreille.

B. Le regret dans le passé

Vous voyez certainement maintenant la parenté avec le conditionnel. On peut donc aussi regretter des actions ou situations passées. Le verbe qui suit « *wish* » est au *past perfect* :

- « *I wish* ***I had taken*** *my phone with me.* » (« Si seulement j'avais pris mon portable. »).
- « *I'm sure she wishes* ***she had taken*** *that opportunity.* » (« Je suis sûr qu'elle se mord les doigts d'avoir raté cette opportunité. »)

Ce n'est pas pour rien que l'on évite le verbe « regretter » ici. La traduction est parfois votre ennemie !

C. « *Wish* » conjugué à un temps passé

Si « *wish* » est conjugué à un temps passé, il suffit de savoir quand se situe l'action que l'on regrette par rapport au moment de référence :

- « *We were walking around New York in the blizzard yesterday. We wished we* ***had taken*** *our moon-boots.* » Vous vous baladiez à New York hier sous une tempête de neige. Vous avez amèrement regretté de ne pas avoir emmené vos moon-boots. Il aurait fallu prendre vos bottes AVANT de partir, donc ***past perfect***.
- « *We were walking around New York yesterday and got lost. We wished we* ***had*** *a map.* » Vous étiez perdu et auriez voulu avoir une carte à ce moment-là, donc ***past simple***.

37 Anglais

Grammaire : adjectifs et déterminants

1. Les quantifieurs singuliers : « *little* », « *a little* », « *much* », « *a lot of* »

- « J'ai peu de temps. » = « *I have little time.* »
- « J'ai un peu de temps. » = « *I have a little time.* »
- « J'ai beaucoup de travail. » = « *I have a lot of work.* »
- « Je n'ai pas beaucoup de travail. » = « *I don't have much work.* »

Ces quatre exemples couvrent tous les cas de figure possibles. **Ils s'emploient quand la quantité s'applique à un mot singulier**.

Notez que l'on n'emploie pas « *much* » à la forme affirmative (mais toutes les autres formes de phrases sont autorisées).

Quant à la différence entre « *little* » et « *a little* », elle ne porte pas sur la quantité mais sur l'appréciation : « *little* » est négatif (comme « peu »), « *a little* » positif (comme « un peu »).

2. Les quantifieurs pluriels : « *few* », « *a few* », « *many* », « *a lot of* »

- « J'ai peu d'amis. » = « *I have few friends.* »
- « J'ai quelques amis. » = « *I have a few friends.* »
- « J'ai beaucoup d'amis. » = « *I have many/a lot of friends.* »

Encore plus simple : « *many* » et « *a lot of* » sont parfaitement synonymes, « *many* » s'employant dans tous les types de phrase.

La différence entre « *few* » et « *a few* » est elle aussi appréciative : « *few* » est négatif (« *few friends* » = quatre amis, ce n'est pas assez à mon goût), « *a few* » est positif (« *a few friends* » = quatre amis, mais ce sont d'excellents amis et je m'en contente volontiers).

3. « *Too* » et « *enough* » : attention à la construction

« *Too* » et « *enough* » permettent de porter un jugement sur une qualité : « *too* » exprime un excès (« *this film is too long* »), « *not... enough* » une insuffisance (« *You are not driving fast enough* »).

La difficulté porte sur la construction. « *Too* » se transforme en « *too much* » devant les noms :

- « *This is taking too much time.* »

« *Enough* » se place après les adjectifs :

- « *This appartment is not big enough.* »

4. « *Some* » et « *any* » et la notion d'existence

« *Some* » et « *any* » permettent de dire qu'une certaine quantité ou un certain nombre existent. Vous vous dites certainement que c'est très vague : c'est bien le cas. De même, leurs dérivés « *someone* », « *somebody* », « *somewhere* », « *something* » et « *anyone* », « *anybody* », « *anywhere* », « *anything* » se traduisent par « quelqu'un », « quelque part », « quelque chose ».

« *Some* » et ses dérivés s'emploient dans les phrases affirmatives :

- « *We brought some wine to the party* » (une certaine quantité de vin, du vin).

« *Any* » et ses dérivés s'emploient dans les phrases interrogatives :

- « *Is there any wine left?* » (on ne sait pas s'il reste du vin).

« *Some* » et ses dérivés peuvent s'employer dans les phrases interrogatives quand le locuteur est certain de l'existence de la chose considérée :

- « *Could I have some sugar with my coffee?* » (ici, j'imagine que oui).

5. « *Any* » et la notion d'indifférence

« *Any* » et ses dérivés peuvent aussi exprimer l'idée que tous les choix sont possibles, que « peu importe » :

- « *It's your birthday. We can do anything you want.* »

6. « *No* » et « *not any* » et la notion d'inexistence

« *No* » et « *not any* » soulignent l'inexistence de quelque chose, d'un lieu ou d'une personne. Le quantifieur « *no* » a aussi des dérivés : « *no one* », « *nobody* », « *nowhere* », « *nothing* ». Attention à l'orthographe de « *no one* » : l'espace est à respecter.

« *No* » et « *not any* » sont parfaitement équivalents :

- « *I heard nothing of that speech.* » = « *I did not hear anything of that speech.* »

7. Le pronom « *none* »

« *No* » + un nom peut être remplacé par le pronom « *none* » :

- « *No foreigners are allowed in North Korea. Well, almost none. Dennis Rodman has been there twice.* »

8. Comparatif d'égalité

Le comparatif d'égalité se construit à l'aide de la préposition « *as* ». La structure sera toujours : « *as* » + adjectif + « *as* » :

- « *You can keep this book as long as you need to.* »

9. Comparatif et superlatif d'infériorité (« *less* » et « *the least* »)

Le **comparatif d'infériorité** se construit avec « *less* ». L'élément de comparaison est introduit par la préposition « *than* », ce qui donne « *less* » + adjectif + « *than* » + élément de comparaison :

- « *This appartment is less spacious than the last one I visited.* »

Le **superlatif d'infériorité** se construit avec « *the least* » + adjective :

- « *This is the least spacious of all the appartments I've visited.* »

10. Comparatif et superlatif de supériorité (« *more* » et « *the most* »)

Le **comparatif de supériorité** donne : « *more* » + adjectif + « *than* » + élément de comparaison :

- « *This rule is more complex than the one in the previous paragraph.* »

Le **superlatif de supériorité** se construit avec « *the most* » + adjectif :

- « *The contraction rule is probably the most complex to remember.* »

La difficulté ici est de se souvenir de la règle concernant la contraction des adjectifs. **Tous les adjectifs d'une syllabe** (« *big* », « *short* », « *small* ») **ainsi que les adjectifs de deux syllabes se finissant par** « **–y** » (« *funny* », « *chilly* », « *lazy* ») **se contractent avec** « ***more*** » **ou** « ***the most*** ». « *Small* » devient donc « *smaller* » et « *the smallest* », « *lazy* » devient « *lazier* » et « *the laziest* ». Comme d'habitude, le « y » se transforme en « i ».

- « *This appartment is bigger than the last one I visited* » → « *more* » a disparu et est remplacé par le son [r], noté « -ER » à la fin de l'adjectif.
- « *This is the biggest of all the appartments I've visited* » → « *most* » est remplacé par « -est » à la fin de l'adjectif. Attention à bien conserver l'article « *the* » en revanche !

11. Exceptions à la règle de contraction

- « *Good* » → « *better* » → « *the best* ».
- « *Bad* » → « *worse* » → « *the worst* ».
- « *Far* » → « *farther/further* » → « *the farthest* ».

38 Anglais

Grammaire : construction de la phrase anglaise

1. « *Since* », « *from* » et l'expression de l'origine d'une action

« ***Since*** » s'emploie pour introduire l'**origine, le début d'une action/situation qui n'est pas terminée**. Logiquement, le verbe est à conjuguer au *present perfect*.

- « *I **have lived** in London **since** I was four.* »
- « *They **have worked** here **since** 1985.* »

Notez que « *since* » marquant l'origine, il est forcément suivi d'un moment. Ce point de repère peut prendre la forme d'une date, d'un âge, etc.

« ***From*** » s'emploie pour introduire **le début d'une action/situation terminée**. Le verbe sera conjugué au *past simple*.

- « *Great Britain directly **controlled** India **from** 1858 to 1947.* »

2. « *For* » et l'expression de la durée

« *For* » s'emploie dès lors que l'on veut parler d'une durée en anglais.

Si cette durée sépare un point dans le passé du moment présent, on emploiera le ***present perfect***.

- « *I **have lived** in London **for** 24 years.* » Dans cet exemple, il s'est écoulé 24 ans depuis mon installation à Londres et j'y habite encore aujourd'hui.

Si cette durée sépare deux points dans le passé, on utilisera à l'inverse le ***past simple***.

- « *He **worked** in this firm **for** 16 years* » (entre 1985 et 2001, par exemple).

3. Phrases affirmatives commençant par une négation

Après « *never* », « *not only* »,« *not once* », « *no sooner* », « *nor* », « *neither* », le sujet et l'auxiliaire sont inversés. Ainsi, on dira « *not only **do you** need to know this rule...* » et « *never **have I** seen a better film* ».

4. Phrases affirmatives commençant par une restriction

Cas très proche, après « *hardly* », « *little* », « *rarely* ». Par exemple, « *little **did he** know that he would be in London the next day* ».

5. Verbes suivis de l'infinitif

Après « *want* », « *wish* », « *need* », « *demand* » (exiger), « *prefer* », le verbe doit être mis en forme infinitive, alors qu'on utilise le subjonctif en français.

- Il est impossible de dire « *I want that you work* » (faute horrible). On dira « *I want you to work* ».

6. Verbes suivis du gérondif

Tous les verbes exprimant un goût/dégoût pour quelque chose sont suivis du gérondif :

- « *I **hate** wait**ing*** », « *I **love** danc**ing*** », « *I **can't stand** read**ing** books on computers* ».

Ainsi que les verbes exprimant le début, la poursuite ou la fin d'une action :

- « *It started rain**ing** two hours ago* », « *She has stopped smok**ing*** ».

⚠ **ATTENTION** Parfois le verbe « *stop* » est suivi de l'infinitif quand il signifie cesser de faire quelque chose pour accomplir une autre action.

- « *When driving, you should **stop** (driving) **to rest** every two hours.* » (« Quand vous conduisez, vous devriez vous arrêter toutes les deux heures pour vous reposer. »)

7. Le gérondif à la suite des prépositions

Une règle primordiale : si une préposition ou un adverbe est suivi d'un verbe, celui-ci est TOUJOURS à la forme gérondif :

- « *You should revise **before** tak**ing** the test.* » (« Vous devriez réviser avant de passer l'examen. »)

⚠ **ATTENTION** « *To* » est souvent la marque de l'infinitif, mais parfois une préposition. Apprenez par cœur : « *to be* used to, to get *get used to* », « *to commit to* », « *to confess to* », « *to look forward to* ». Ces expressions sont suivies du gérondif :

- « *He confessed **to** kill**ing** his wife.* » (« Il a confessé avoir tué sa femme. »)
- « *I look forward **to** go**ing** on holidays.* » (« J'ai hâte de partir en vacances. »)

8. Verbes suivis de la base

« *Make* » et « *have* » expriment une action sur quelqu'un ou quelque chose avec un résultat.

- Pour dire « je lui ai fait apprendre ses verbes irréguliers », on dira en anglais « *I made him learn his irregular verbs* » ou bien « *I had him learn his irregular verbs* ».

Le verbe « *force* » a un sens similaire, mais se construit normalement :

- « *I forced him to learn his irregular verbs* ». « *Force* » est suivi d'un infinitif.

« *Let* » à l'inverse signifie que l'action a été libre de toute influence.

- « Je l'ai laissée partir en avance » se traduira donc par « *I let her leave early* ».

« *Help* » est aussi souvent, mais pas toujours, suivi de la base.

- « Je l'ai aidé à déménager » peut donner « *I helped him* ***move*** » mais aussi « *I helped him* ***to move*** ».

A. Voix passive avec « *make* »

- « *I made him learn his irregular verbs* » se transforme en « *he was made* ***to learn*** *his irregular verbs (by me)* ». C'est l'infinitif qui réapparaît ici, pas la base.

B. Les verbes de perception

« *Hear* », « *see* », « *feel* », « *watch* », « *listen* » sont également suivis de la base.

- « Je l'ai entendu partir très tôt ce matin » donnera donc « *I heard him* ***leave*** *very early this morning* ».

C. Après les expressions « *had better* » (je ferais mieux) et « *would rather* » (je préférerais)

Très belle réplique du film *Muriel* : « *I'd rather* ***eat*** *broken glass than* ***spend*** *another minute with you.* » (« Je préférerais manger du verre pilé plutôt que de passer encore une minute avec vous. »)

39

Anglais

Vocabulaire : termes et expressions économiques

L'économie est un sujet sur lequel vous êtes attendu. Cette liste vous permettra d'exprimer clairement vos idées dans ce domaine.

the growth index	l'indice de croissance
the primary/secondary/tertiary sector	le secteur primaire/secondaire/tertiaire
to set up/to start a business	créer une société
to raise capital	trouver des fonds
cost savings	la réduction des coûts
to do business with	entretenir des relations commerciales
unfair trade practices	avec des pratiques commerciales déloyales
to share in the profits	participer aux bénéfices
to suffer a loss	subir des pertes
to foot the bill	régler la note
a round-table discussion	une table ronde
to make/strike a deal	conclure un marché
the Board of Directors	le conseil d'administration
gross profit	la marge brute
overhead costs	les frais généraux
tax evasion	la fraude fiscale
profit-sharing	la participation aux bénéfices
a free-trade area	une zone de libre-échange
the black market	le marché noir
foreign trade	le commerce extérieur
a trade agreement	un accord commercial
the trade gap	le déficit commercial

domestic trade	le commerce intérieur
the Gross National Product (GNP)	le produit national brut (PNB)
the Gross Domestic Product (GDP)	le produit intérieur brut (PIB)
the per capita income	le revenu par habitant
supply and demand	l'offre et la demande
to be in the red	être en déficit
the exchange rate	le taux de change
a hard currency	une devise forte
a soft currency	une devise faible
market research	l'étude de marché
to find a market	trouver un débouché
to penetrate a market	conquérir un marché
to phase out of the market	retirer progressivement du marché
a bear market	un marché orienté à la baisse
a bull market	un marché orienté à la hausse
to allow goods in	laisser entrer des marchandises
the Chairman of the Board	le président du conseil d'administration
the C.E.O. (Chief Executive Officer) (US), the managing director (GB)	le P.D.G.
the chief of staff, the head of personnel	le chef du personnel
a company car	une voiture de société
a business trip	un voyage d'affaires
a state-owned company	une société d'état
a small or medium-sized company	une PME
a family firm	une entreprise familiale
a takeover bid	une O.P.A.
a chartered accountant	un expert-comptable
to wind up a business	liquider une affaire
to go out of business	fermer, cesser ses activités
decision making	la prise de décision
a decision-maker	un décideur

40 Anglais

Vocabulaire : connecteurs logiques

Dans la liste suivante, prêtez une attention toute particulière à la construction des connecteurs logiques.

[+ prop.] indique que le connecteur doit être suivi d'une proposition (pour rappel, une phrase complète = sujet + verbe) :

- « *Since* ***you don't want to cooperate*** » (« puisque vous ne voulez pas coopérer »).

[+ nom] indique au contraire que le connecteur est suivi d'un nom ou d'une périphrase de type « *the fact* » + proposition.

- « *Despite* ***his refusal*** */ Despite* ***the fact that he refused*** ».

[+ verbe] indique que le connecteur est suivi d'un verbe en forme base.

- « *He called so as to* ***book*** *a table for six tonight.* »

Catégorie logique	Connecteur	Signification	Remarque	Construction
Objectif	*(In order) to*	Afin de		+ verbe
	So as to	Afin de		+ verbe
	So that	Pour que		+ prop.
	For	Pour	Si suivi d'un verbe, ce verbe est toujours en forme « -ing ». À éviter, un peu lourd.	+ verbe
Cause	*Because of*	À cause de	Connotation négative	+ nom
	Thanks to	Grâce à	Connotation positive	+ nom
	Due to	Dû à		+ nom
	Since	Puisque		+ prop.
	As	Étant donné que		+ prop.
	Out of	Par	« *He did it out of love.* »	+ nom

Conséquence	*So*	Donc		+ prop.
	Thus	Ainsi	Emploi surtout littéraire	+ prop.
	Therefore	Par conséquent		+ prop.
	Consequently	Par conséquent	« *As a consequence* » fonctionne aussi.	+ prop.
	As a result of	Par conséquent		+ nom
	Following	À la suite de		+ nom
Introduire une nouvelle idée	*Moreover*	De plus/en outre		+ prop.
	Furthermore	De plus/en outre		+ prop.
	Besides	Par ailleurs		+ prop.
	Similarly	De même		+ prop.
	Additionally	De plus		+ prop.
Opposition	*Unlike*	À la différence de		+ nom
	On the contrary	Au contraire		+ prop.
	Whereas	Alors que		+ prop.
Atténuation	*Although*	Bien que	La forme « *though* » est orale et se place en fin de phrase.	+ prop.
	In spite of	En dépit de		+ nom
	Despite	Malgré	Notez l'absence de préposition.	+ nom
	Nonetheless	Néanmoins	Aussi « *nevertheless* »	+ prop.
	However	Cependant		+ prop.
	Yet	Pourtant	Doit être placé en début de proposition pour avoir ce sens.	+ prop.
	While	Alors même que		+ prop.
Condition	*Even if/though*	Même si		+ prop.
	Provided	À condition que		+ prop.
	Unless	À moins que		+ prop.
	Otherwise	Sinon		+ prop.

41 Anglais

Compréhension : lire la presse anglo-saxonne

Stratégie de travail préparatoire

Profitez-en : les articles sur lesquels se base l'épreuve de compréhension sont issus d'une poignée de publications (*Time Magazine, The Economist, The Guardian, The Herald Tribune*). Il faut donc vous entraîner à décrypter la presse.

L'usage du dictionnaire doit rester raisonnable : si vous cherchez absolument TOUS les mots que vous ne connaissez pas, vous ne passerez jamais le premier paragraphe. Paradoxalement, il va s'agir d'apprendre à **laisser tomber** et à avancer malgré tout. C'est essentiellement par la rencontre répétée des mêmes termes et expressions que votre compréhension de l'anglais écrit va s'améliorer, et il vaudra toujours mieux **deviner** le sens d'un mot que d'aller immédiatement chercher sa traduction.

Allez lire ce qui vous intéresse, pas ce que vous pensez devoir lire. Le *Financial Times* est à éviter comme la peste quand on débute : sa bonne réputation dans les milieux économiques n'allège en rien l'aridité de ses articles. Commencez plutôt doucement et passez un peu de temps, mais régulièrement, à lire un blog ou un site web dédié à l'une de vos passions.

Construisez vos propres listes de vocabulaire. Prenez soin de ne pas noter que la traduction des mots : s'il s'agit d'un faux-ami, d'un terme dont la construction ne correspond pas à son équivalent français, notez-le ! Donnez-vous un objectif réaliste au début de votre préparation (30 mots par semaine, par exemple), puis montez en puissance régulièrement à l'approche du concours.

Apprenez les spécificités de l'anglais écrit : voici les principales structures que vous retrouverez souvent dans les articles de la presse anglo-saxonne.

A. Pourquoi la voix passive est-elle si fréquente en anglais ?

Le pronom « on », qui permet en français de dire que le sujet de l'action n'est pas connu, n'existe pas en anglais. Ainsi, « On pense que les émissions de carbone font augmenter les températures » donnera « *Carbon emissions* ***are thought*** *to raise temperatures* » ou « *It* ***is thought*** *that carbon emissions raise temperatures* ».

Entraînez-vous à utiliser systématiquement tous les verbes exprimant une opinion (« On pense, croit, dit que… ») de cette manière : « *it is* ***thought, believed, said that*** »…

B. Style direct/indirect

Un bref rappel : on appelle style direct toute énonciation entre guillemets et style indirect toute énonciation qui rapporte une phrase prononcée.

- « *He said: "I'm going to the US next year"* » → style direct.
- « *He said he was going to the US next year* » → style indirect.

C. La concordance des temps

Dans l'exemple ci-dessus, vous notez que le temps du verbe « *to go* » a changé. C'est cela que l'on appelle concordance des temps. Cette transformation est nécessaire parce que le verbe qui permet de rapporter des paroles (« *say* », « *tell* », « *wonder* » – se demander –, « *ask* ») est ici conjugué au passé simple. On rapporte en effet les paroles ultérieurement.

Nous allons nous baser sur le tableau de conjugaison (fiche 26) afin de déterminer le temps indirect à partir du temps direct, et inversement.

- « *I have to go* » (*present simple*) → « *He said he **had** to go* » (*past simple*).
- « *I'm coming* » (*present continuous*) → « *He said he **was coming*** » (*past continuous*).
- « *I have never seen this film* » (*present perfect*) → « *He said he **had** never **seen** this film* » (*past perfect*).
- « *I've been watching TV* » (*present perfect continuous*) → « *He said he **had been watching TV*** » (*past perfect continuous*).

D. Adverbes construits à partir des participes du verbe

Le français autorise rarement la construction des adverbes à partir des participes présent (gérondif) ou passé. On peut transformer « étonnant » en « étonnamment » mais certainement pas « effrayant » en « effrayamment ».

En anglais, cette restriction n'existe pas. Vous pouvez toujours dériver un adverbe :

- « *Death Valley is an amazing**ly** hot place.* » (« Il fait extraordinairement chaud dans la vallée de la Mort. »)
- « *The crisis will assured**ly** lead to lay-offs.* » (« La crise va certainement mener à des licenciements. »)

Vous savez maintenant **déconstruire** ces adverbes. Le mot « fascinatingly » qui pourrait être déconcertant à première vue est en fait très simple à dompter : retirez « -ly » (que vous traduirez par « de manière… »), il reste « fascinating » que vous savez être le mot « fascinant ». Ce qui nous donne donc « de manière fascinante ».

4 OUVERTURE CULTURELLE

RAPPEL :

L'épreuve d'ouverture culturelle dure 45 minutes. Elle a pour objectif d'évaluer chez le candidat sa connaissance et sa compréhension de sujets liés à la culture générale, à l'actualité nationale et internationale, ainsi que son aptitude à saisir des idées abstraites et des concepts. Le candidat est testé sur sa capacité à mobiliser, dans un temps limité, des connaissances prouvant sa curiosité intellectuelle et son ouverture culturelle, éléments fondamentaux pour appréhender le monde contemporain en vue de prendre les bonnes décisions de management dans un environnement complexe et mouvant.

L'épreuve comporte 65 QCM répartis en quatre grandes thématiques :

- Histoire, géographie, mythes et religions ;
- Idées, sciences et techniques ;
- Politique, économie, société ;
- Arts, loisirs, médias.

L'ensemble des questions posées porte à la fois sur la culture académique que doit posséder tout candidat et sur l'actualité nationale et internationale que l'on retrouve à tous les niveaux des thématiques.

Le candidat sera donc testé sur sa capacité à mobiliser, dans un temps limité, des connaissances prouvant une curiosité intellectuelle et une solide ouverture culturelle, éléments fondamentaux pour appréhender le monde contemporain et s'épanouir pleinement dans un cursus d'école de commerce.

42 Ouverture culturelle

Culture générale & Actualité nationale et internationale

1. Le carnet d'actualité

Au vu du nombre important de questions d'actualité, notre recommandation est sans appel : vous devez tenir régulièrement à jour un **CARNET D'ACTUALITÉ** consignant l'ensemble des faits marquants de l'année 2019, 2020 et 2021. Vous trouverez bien entendu ces informations en lisant la presse, en écoutant la radio ou en allant sur Internet.

Mai 2019

- Intronisation de Naruhito comme empereur du Japon ; fin de l'ère Heisei, début de l'ère Reiwa.
- Europol fait fermer 2 sites du Dark web : Wall Street Market et Valhalla Market.
- Le cyclone Fani frappe l'Est de l'Inde et le Bangladesh.
- Stevo Pendarovski remporte le second tour de l'élection présidentielle en Macédoine du Nord.
- Elections législatives, présidentielle et municipales au Panama, Laurentino Cortizo est élu président.
- Accident du vol 1492 Aeroflot à l'aéroport de Moscou (Russie).
- Au Burkina Faso, le combat de Gorom-Gorom permet de libérer quatre otages.
- L'attaque d'une église à Dablo (Burkina Faso) fait 6 morts.
- Duncan Laurence (Pays-Bas) remporte le Concours Eurovision de la chanson à Tel-Aviv en Israël.
- Un attentat à Gizeh en Egypte, près du futur Grand Musée égyptien, visant un bus de touristes, dont les occupants sont originaires d'Egypte et d'Afrique du Sud, fait 17 blessés.
- La nouvelle méthode permettant le calcul du kilogramme, à l'aide de la constante de Planck et d'une balance de Kibble, entre en vigueur.

- Le parti BJP du Premier ministre Narendra Modi remporte les élections législatives en Inde.
- Elections législatives pour l'Union européenne : le RN arrive en tête avec 25 % des suffrages.
- Un attentat au colis piégé rue Victor-Hugo à Lyon fait 13 blessés.
- Theresa May, première ministre du Royaume-Uni, annonce sa démission de la tête du Parti conservateur, avec effet le 7 juin.
- *Parasite* de Bong Joon-ho obtient la Palme d'or à l'unanimité du jury du Festival de Cannes.

Juin 2019

- L'explosion d'une usine d'explosif à Dzerjinsk en Russie fait 79 blessés.
- Richard Carapaz devient le premier cycliste équatorien à remporter le Tour d'Italie.
- A Khartoum (Soudan), la violente dispersion des manifestants fait au moins 35 morts.
- Amnesty International décerne à la jeune militante suédoise pour le changement climatique Greta Thunberg ainsi qu'au mouvement de collégiens, de lycéens et d'étudiants Fridays for Future, qu'elle a inspiré son prix le plus prestigieux : Ambassadeur de la conscience.
- En Grèce, le président Prokópis Pavlópoulos dissout le Parlement et convoque des élections anticipées pour le 7 juillet.
- Au Botswana, La Haute Cour décriminalise l'homosexualité.
- Au Mali, le massacre de Gangafani et Yoro fait au moins 38 morts.
- L'opposant Ekrem İmamoğlu, vainqueur des élections municipales turques de 2019 en mars à Istanbul mais dont la victoire avait été invalidée sur demande du président turc Recep Tayyip Erdoğan, remporte la nouvelle élection municipale encore plus largement.
- Sommet du G20 à Osaka (Japon).

Juillet 2019

- Début de la présidence finlandaise du Conseil de l'Union européenne.
- Eclipse solaire totale visible au Chili et en Argentine.
- L'eurodéputé du Parti démocrate italien David Sassoli est élu président du Parlement européen.

- Elections législatives en Grèce ; Kyriákos Mitsotákis est nommé Premier ministre.
- Le télescope spatial Spektr-RG est lancé depuis le cosmodrome de Baïkonour.
- L'ouragan Barry touche la côte de la Louisiane et fait d'importants dégâts par inondations.
- Ursula von der Leyen est élue présidente de la Commission européenne par la nouvelle législature du Parlement européen pour entrer en fonction en novembre, elle sera la première femme à ce poste.
- L'incendie criminel de Kyoto Animation (Japon) fait au moins 34 morts.
- Boris Johnson est nommé Premier ministre du Royaume-Uni, au lendemain de son élection comme chef du Parti conservateur.
- Le naufrage d'une embarcation de migrants partie de Libye fait au moins 110 disparus en mer Méditerranée.
- Au Brésil, la mutinerie du Centre de redressement régional d'Altamira fait 57 morts.

Août 2019

- Le Japon annonce le retrait de la Corée du Sud de sa liste des partenaires commerciaux les plus fiables, à compter du 28 août 2019.
- Une fusillade terroriste raciste cause 22 morts à El Paso, aux États-Unis.
- Franky Zapata traverse la Manche sur son Flyboard Air, 110 ans après Louis Blériot.
- Un attentat à la bombe à Kaboul (Afghanistan) fait au moins 14 morts.
- Election présidentielle au Guatemala (2e tour), remportée par le conservateur Alejandro Giammattei.
- Début des manifestations féministes de 2019 à Mexico pour exiger l'ouverture d'enquêtes suite à des viols présumés commis par des policiers municipaux de Mexico sur des femmes et des jeunes filles.
- La Corée du Sud annonce le retrait du Japon de sa liste de partenaires commerciaux les plus fiables, à compter du 18 septembre 2019.
- Un attentat lors d'un mariage à Kaboul (Afghanistan) fait au moins 80 morts et 182 blessés.
- En Islande, commémorations des 5 ans de la disparition d'Okjökull, premier glacier à avoir disparu à cause du réchauffement climatique, avec la pose d'une plaque *Lettre pour le futur* sur son ancien emplacement.
- Démission de Giuseppe Conte, président du Conseil des ministres d'Italie.
- 45e sommet du G7 à Biarritz en France.

- Felix Kjellberg plus connu sous le pseudo Pewdiepie est la première chaîne YouTube indépendante à passer 100 millions d'abonnés.
- Le président indonésien, Joko Widodo, annonce que la capitale de l'Indonésie va être transférée dans une autre ville.
- Le premier ministre britannique Boris Johnson annonce une suspension du Parlement de début septembre au 14 octobre.
- L'incendie criminel par des narcotrafiquants d'un club de strip-tease à Coatzacoalcos au Mexique provoque 30 morts.

Septembre 2019

- L'ouragan Dorian cause au moins 50 morts et d'importants dégâts aux Bahamas.
- Formation du gouvernement Conte II en Italie.
- Des chercheurs de l'université de Hokkaidō, au Japon, publient la description d'une nouvelle espèce de dinosaures, Kamuysaurus japonicus, unique représentant du genre Kamuysaurus.
- Vapeur d'eau détectée par le télescope Hubble sur l'exoplanète K2-18 b.
- Elections législatives en Israël.
- 74e assemblée générale de l'ONU à New York, avec un discours de Greta Thunberg en faveur de l'écologie.
- La marche mondiale pour le climat réunit entre 4 millions et 6,6 millions de manifestants dans le monde.
- Faillite de Thomas Cook, plus ancien voyagiste au monde.
- Un séisme de magnitude 5,2 dont l'épicentre était à une vingtaine de kilomètres de la ville de Jhelum dans l'est du Pakistan – zone déjà touchée par des inondations au moment où le séisme s'est produit – provoque 38 morts et 300.
- A l'unanimité, la Cour suprême du Royaume-Uni déclare illégale, nulle et sans effet la prorogation du Parlement par Boris Johnson.
- Nancy Pelosi, présidente de la Chambre des représentants des États-Unis, annonce le lancement d'une procédure d'impeachment à l'encontre de Donald Trump en réaction au sondage orienté de la Maison Blanche et de l'affaire Trump-Zelensky.
- Eruption du Stromboli en Italie.
- En France, incendie de l'usine Lubrizol à Rouen.
- Autre marche mondiale pour le climat. Des centaines de milliers de personnes manifestent pour le climat à Montréal, Québec et d'autres villes du Québec. À Montréal, où elles sont menées par la jeune militante suédoise

Greta Thunberg, entre 450 000 et 500 000 manifestants se réunissent selon les organisateurs (la police ne donne pas de chiffre mais parle d'une « mobilisation historique »), ce qui en fait probablement « la plus importante manifestation de l'histoire du Québec ».

- Disparition de la compagnie aérienne Aigle Azur.
- Le Conseil de l'Europe décerne le prix Václav-Havel à l'intellectuel et économiste ouïghour Ilham Tohti et à l'initiative des jeunes pour les droits de l'homme.
- En France, la journée de deuil national, décrétée après la mort de l'ex-président Jacques Chirac le 26 septembre, est le cadre d'une cérémonie solennelle.

Octobre 2019

- La Chine célèbre sa 70e année de la proclamation de la république populaire de Chine, avec des défilés dans tout le pays, y compris un grand défilé militaire dans la capitale Pékin.
- Début des sanglantes manifestations irakiennes de 2019 dont la répression va faire plus de 150 morts.
- L'Organisation mondiale du commerce autorise les États-Unis à imposer chaque année environ 7,5 milliards de dollars américains de droits de douane sur les marchandises de l'Union européenne, en raison des subventions européennes à Airbus causant un dommage à Boeing ; les États-Unis annoncent un tarif douanier de 10 % sur les avions Airbus de fabrication européenne et de 25 % sur toute une gamme de produits, qui doit entrer en vigueur le 18 octobre.
- Un agent administratif de la préfecture de police de Paris tue 4 personnes avec un couteau avant d'être abattu.
- Disparition de la compagnie aérienne XL Airways France.
- William Kaelin, Gregg Semenza et Peter Ratcliffe reçoivent le prix Nobel de physiologie ou médecine pour leurs travaux sur l'oxygénation des cellules.
- Début des gigantesques manifestations chiliennes de 2019, qui vont réunir jusqu'à plus d'un million de manifestants, sur une population totale du Chili de presque 18 millions d'habitants.
- Le Prix Nobel de physique est remis à James Peebles pour avoir prédit l'existence du fond diffus cosmologique et avoir été le premier à comprendre l'importance de la matière noire dans les grandes structures de l'Univers, et à Michel Mayor et Didier Queloz, pour avoir prouvé l'existence des exoplanètes en découvrant 51 Pegasi b en 1995.

- Les astronomes annoncent la découverte de 20 nouvelles lunes autour de Saturne, s'ajoutant aux 62 déjà connues. Les nouvelles lunes comprennent 17 lunes rétrogrades du groupe nordique et trois lunes progressives, dont deux appartiennent au groupe inuit.
- Le prix Nobel de chimie est attribué à John B. Goodenough, Stanley Whittingham et Akira Yoshino pour avoir inventé la batterie à lithium-ion.
- Attentat antisémite et anti-Turcs à Halle-sur-Saale, en Allemagne, un négationniste d'extrême-droite lance des grenades sur un cimetière juif et sur un restaurant turc, puis ouvre le feu sur une synagogue où se tenait une cérémonie pour le Yom Kippour, provoquant au moins 2 morts et 2 blessés graves, avant d'être lui-même blessé et interpellé par la police plus tard.
- Les révélations d'utilisation d'argent de la drogue dans la campagne pour les élections générales honduriennes de 2017 au cours procès à New York de Juan Antonio Tony Hernández Alvarado, ancien député et frère du président du Honduras Juan Orlando Hernández, accusé de meurtre et de trafic de drogue (déclaré coupable le 18 octobre), provoque des manifestations et des émeutes au Honduras pour demander la démission du président.
- Le prix Nobel de littérature 2018 est remis à l'écrivaine Olga Tokarczuk et celui de 2019 est attribué à l'écrivain Peter Handke (l'Académie suédoise n'ayant pas pu décerner de prix en 2018 car elle était plongée dans un scandale d'agression sexuelle).
- Le prix Nobel de la paix 2019 est remis à l'homme politique éthiopien Abiy Ahmed pour ses actions ayant conduit à la résolution du conflit entre l'Éthiopie et l'Érythrée.
- La Californie devient le premier État américain à interdire la vente de produits en fourrure. La loi entre en vigueur le 1er janvier 2023.
- Le « prix Nobel d'économie » est attribué aux économistes Abhijit Banerjee, Esther Duflo et Michael Kremer pour leurs travaux sur la réduction de la pauvreté et des inégalités économiques.
- Le verdict dans le procès des indépendantistes catalans, où 9 des accusés sont condamnés à des peines allant de 9 à 13 ans de prison (les 3 autres accusés à des amendes), est rendu public et déclenche des émeutes en Catalogne.
- L'épave du navire de guerre japonais Kaga, coulé lors de la bataille de Midway pendant la Seconde Guerre mondiale, est découverte sur les fonds marins de l'océan Pacifique. Ce n'est que le deuxième navire coulé pendant la bataille à avoir été retrouvé.
- Elections générales en Bolivie, des soupçons de fraude électorale envers le président sortant Evo Morales, donné vainqueur au premier tour, déclenchent une crise post-électorale de plusieurs semaines qui entraîneront sa démission.

- L'avortement non-thérapeutique et le mariage homosexuel sont légalisés en Irlande du Nord (Royaume-Uni).
- Après des décennies de controverse, le gouvernement espagnol fait transférer la dépouille du dictateur Francisco Franco de la Valle de los Caídos vers un cimetière de Madrid.
- Elections présidentielles et législatives en Argentine, le candidat d'opposition péroniste de centre-gauche Alberto Fernández est élu président d'Argentine au premier tour.

Novembre 2019

- L'Afrique du Sud remporte la Coupe du monde de rugby à XV 2019 en battant l'Angleterre et devient championne du monde pour la troisième fois.
- Le nouveau gouvernement roumain, dirigé par le libéral Ludovic Orban, est investi par le Parlement.
- Une attaque contre un convoi de la société minière SEMAFO dans la région Est du Burkina Faso fait au moins 37 morts civils et 60 blessés. Il s'agit de l'attaque la plus meurtrière enregistrée dans le pays depuis le début des violences jihadistes en 2014.
- L'ancien président brésilien, Lula da Silva, sort de la prison dans laquelle il est emprisonné depuis plus d'un an. Cette libération provoque des manifestations « anti-libération » de la part de l'extrême droite, notamment à Rio, et des foules de joies à Sao et dans les favelas.
- Commémoration des 30 ans de la chute du mur de Berlin à Berlin.
- Le président bolivien Evo Morales annonce sa démission après trois semaines de crise.
- 200 000 personnes manifestent à Prague contre le premier ministre populiste Andrej Babiš.
- Plusieurs milliers de manifestants gilets jaunes en France : 28 000 officiellement, 39 530 selon les organisateurs. 147 interpellés, 129 gardes à vue. Plusieurs milliers de manifestants à Marseille derrière des slogans rassembleurs.
- L'administration Trump annonce que les États-Unis ne considèrent plus la colonisation israélienne de la Cisjordanie comme illégale en soi par le droit international. Cette annonce a été saluée par le Premier ministre israélien Benjamin Netanyahu et condamnée par l'Union européenne, l'Autorité nationale palestinienne et le ministre jordanien des Affaires étrangères Ayman Safadi.
- Au Mali, 30 soldats maliens sont morts et 29 sont blessés dans le combat de Tabankort.

- En Israël, le procureur général d'Israël, Avichaï Mandelblit, annonce sa décision d'inculper Benyamin Netanyahu pour corruption, fraude et abus de confiance dans le cadre de l'affaire des 4000 (octroi de faveurs au groupe de télécommunications Bezeq en échange d'une couverture à son avantage par le journal sur Internet *Walla!*) et pour fraude et abus de confiance dans les deux affaires des 1000 (cadeaux dont il a bénéficié avec sa famille) et des 2000 (demande d'une couverture médiatique plus favorable au propriétaire du quotidien *Yediot Aharonot* en échange de l'organisation de la baisse de la diffusion du quotidien gratuit *Israel Hayom*). Benyamin Netanyahu dénonce « une tentative de coup d'État ».
- Elections locales à Hong Kong, les manifestations ont été suspendues par les organisateurs.
- Mort de treize militaires français dans la collision de deux hélicoptères au Mali.
- Elections présidentielles et législatives en Namibie, le président sortant Hage Geingob, est réélu avec un score de 56 % des suffrages.

Décembre 2019

- La nouvelle Commission européenne présidée par Ursula von der Leyen entre en fonction, celle-ci succède à Jean-Claude Juncker et devient ainsi la première femme à la tête de la Commission.
- Conférence de Madrid sur les changements climatiques (COP 25) en Espagne.
- Sommet de l'OTAN à Londres, à l'occasion du 70e anniversaire de l'Alliance.
- Le naufrage d'une embarcation de migrants au large de la Mauritanie provoque la mort d'au moins 62 migrants.
- Début d'un mouvement social (nombreuses grèves et manifestations) pour protester contre une réforme du régime des retraites, entre 800 000 (selon le Ministère de l'Intérieur) et 1 500 000 de personnes (selon les syndicats Confédération générale du travail et Force ouvrière) manifestent dans toute la France ; si les estimations des syndicats sont exactes, cela en ferait une manifestation comparable à celles de 2010 et 1995.
- Le formateur pour un gouvernement belge, Paul Magnette, annonce que la formation d'un gouvernement reste, pour l'heure, impossible, après plus d'un an sans gouvernement.
- L'Université de Griffith (Australie) publie les résultats d'une datation à l'uranium-thorium sur une peinture préhistorique représentant une scène de chasse découverte en 2017 dans une grotte sur le site de Leang Bulu Sipong sur l'île de Célèbes (Indonésie), selon laquelle cette peinture serait vieille

d'au moins 43 900 ans, ce qui en ferait la plus ancienne œuvre d'art figuratif connue.

- Election présidentielle en Algérie ; le scrutin, boycotté par une large partie de la population, enregistre une abstention et un nombre de votes blancs record. Abdelmadjid Tebboune est élu dès le premier tour avec 58,15 % des suffrages exprimés.
- La Chambre des représentants des États-Unis vote pour destituer le président Donald Trump pour abus de pouvoir et obstruction au Congrès.
- Le président Turc Recep Tayyip Erdoğan annonce qu'il enverra des troupes en Libye pour aider le gouvernement d'accord national basé à Tripoli, reconnu internationalement, après avoir demandé un soutien. Il prévoit de soumettre sa motion à la Grande Assemblée nationale le 7 janvier 2020, pour approbation.
- Abdelaziz Djerad est nommé Premier ministre d'Algérie.
- L'Organisation Mondiale de la Santé (OMS) a alerté plusieurs cas de pneumonies dans la ville de Wuhan (Province Hubei de Chine). Mais ce virus ne ressemblait à aucun virus connu. C'est le début du grand virus Covid-19.

Janvier 2020

- Poursuite d'importants incendies de végétation en Australie.
- La Croatie prend la présidence du Conseil de l'Union européenne, succédant à la Finlande.
- Une attaque terroriste à Villejuif fait 1 mort et 2 blessés
- Le député vénézuélien Luis Parra, opposant à la fois au président de la république élu mais très fortement contesté Nicolás Maduro et au président de l'assemblée nationale vénézuélienne élu et président de la république autoproclamé Juan Guaidó (voir Crise présidentielle de 2019-2020 au Venezuela pour les détails), s'autoproclame président de l'Assemblée nationale du Venezuela.
- L'Armée nationale libyenne s'empare de la ville de Syrte, en Libye.
- La force aérospatiale du corps des Gardiens de la révolution islamique lance l'opération Martyr Soleimani, en tirant une quinzaine de missiles balistiques sur les bases militaires américaines d'Al-Asad et d'Erbil en Irak. 110 militaires américains sont blessés (commotions cérébrales et traumatismes crâniens) lors de cette attaque.
- Le vol Ukraine International Airlines 752 est accidentellement abattu par deux missiles sol-air (tirés par les Gardiens de la révolution) juste après son décollage de l'aéroport Imam- Khomeini de Téhéran, provoquant la mort des 176 passagers et membres d'équipage.

- Le Premier ministre de Russie Dmitri Medvedev démissionne, il est remplacé le lendemain par Mikhaïl Michoustine.
- Pour la première fois depuis 2012, le Guide suprême iranien Ali Khamenei préside la prière du vendredi à Téhéran, l'occasion pour lui d'aborder l'actualité particulièrement tendue lors de son sermon.
- 116 personnes (111 militaires et 5 civils) sont tuées par des missiles balistiques et des frappes de drones lors d'une attaque apparemment menée par les Houthis sur la mosquée d'un camp militaire de la ville yéménite de Marib. Le 20 janvier, Mohammed al-Boukhaïti, un porte-parole des Houthis a déclaré à Al Jazeera que l'attaque n'était pas le fruit de son organisation.
- Election présidentielle en Grèce, la magistrate Ekateríni Sakellaropoúlou devient la première femme élue à la présidence de la République.
- A cause de l'épidémie de coronavirus, le gouvernement chinois place en quarantaine toute la métropole de Wuhan (11 millions d'habitants) et les villes de Huanggang (7,5 millions d'habitants) et Ezhou.
- Aux États-Unis, Kobe Bryant, sa fille et sept autres personnes sont tuées dans un accident d'hélicoptère à Calabasas, en Californie.
- L'Allemagne confirme son premier cas de maladie à coronavirus 2019 en Bavière. L'homme infecté a été placé dans une salle d'isolement et le risque de nouvelles contaminations est actuellement considéré comme « faible » par le ministère bavarois de la Santé.
- Le président américain Donald Trump dévoile un plan de paix élaboré par son administration pour 3 ans. Le plan reconnaît la souveraineté israélienne sur les principaux blocs de colonies en Cisjordanie occupée, ainsi que l'annexion de la vallée du Jourdain, en échange d'un gel des nouvelles colonies israéliennes dans certaines zones pendant 4 ans. Le président palestinien Mahmoud Abbas rejette le plan comme un « non-sens », tandis que le Premier ministre israélien Benjamin Netanyahu ainsi que le chef de l'opposition Benny Gantz ont exprimé leur soutien au plan.
- L'Organisation mondiale de la santé classe l'épidémie provoquée par le coronavirus comme urgence de santé publique de portée internationale.
- Sortie le 31 janvier du Royaume-Uni et de Gibraltar de l'Union européenne (Brexit), entamant une période de transition de 11 mois.

Février 2020

- Les Chiefs de Kansas City remportent leurs 2e Super Bowl 30-21 à Miami contre les 49ers de San Francisco lors du Super Bowl LIV.
- *Parasite* est récompensé des Oscars du meilleur film et du meilleur film international. Son réalisateur Bong Joon-ho obtient l'Oscar du meilleur réalisateur.

- L'Égypte franchit le cap des 100 millions d'habitants.
- En Allemagne, un groupuscule terroriste d'extrême-droite est démantelé, ses 12 membres sont tous arrêtés dans 5 länders différents, de nombreuses armes sont saisies, ils projetaient des attaques contre des mosquées et des étrangers dans le but de « lancer une guerre civile » en Allemagne. Deux fusillades terroristes d'extrême-droite visant des bars à chicha à Hanau, dans la Hesse en Allemagne, font 9 morts et 6 blessés.
- Une équipe de chercheurs de l'Université du Texas à Austin et des National Institutes of Health dirigée par Jason McLellan publie dans Science la carte en 3D de la structure moléculaire de SARS-CoV-2 (le « coronavirus de Wuhan » responsable de l'épidémie de la maladie COVID-19), obtenue par cryo-microscopie électronique, ce qui devrait faciliter l'invention de vaccins et de médicaments antiviraux.
- L'Inde et le Pakistan se sont engagés dans une confrontation militaire à la frontière de facto du Cachemire.
- Le nombre de personnes en Italie atteinte par le SARS-CoV-2 (le coronavirus responsable de l'épidémie de COVID-19) dépasse la centaine – au moins 115 cas dont 89 pour la seule Lombardie et 24 pour la Vénétie – dont 2 en sont décédées, ce qui en fait le principal foyer d'infection de COVID-19 en Europe ; les autorités italiennes placent les 11 communes les plus touchées en quarantaine, dont la ville de Codogno qui est devenu le centre italien de l'épidémie, ce qui confine 52 000 personnes.
- Un accord « historique » entre les États-Unis et les talibans est signé à Doha (Qatar).

Mars 2020

- Le Liban annonce le premier défaut de paiement de son histoire.
- Confronté à une flambée épidémique de maladie à coronavirus, le gouvernement italien place l'ensemble du pays en confinement.
- L'Organisation mondiale de la santé reclasse officiellement la flambée de COVID-19 d'épidémie à pandémie.
- À cause de la pandémie de coronavirus, Emmanuel Macron annonce de nouvelles règles strictes, dont la fermeture de tous les établissements scolaires dans le pays, à partir du lundi 16 mars pour une durée indéterminée, ainsi que le renforcement des professionnels de santé pour freiner le plus possible l'épidémie en France.
- Élections municipales en France (1er tour).
- 17 mars : Emmanuel Macron met en confinement tout le pays pour tenter d'enrayer la progression de l'épidémie du COVID-19 sur son territoire.

- Aux États-Unis, l'État de Californie met en confinement tout l'État pour tenter d'enrayer la progression de l'épidémie de maladie à coronavirus sur son territoire.
- Le Jardin du presbytère de Nuenen au printemps, une peinture à l'huile de Vincent van Gogh, est volé au musée de Laren (Pays-Bas).
- Au Sahel, les islamistes de Boko Haram ont tué une centaine de soldats tchadiens dans la région du lac Tchad le 23 mars 2020. Rarement une attaque a été aussi meurtrière pour une armée tchadienne qui a la réputation régionale d'être assez solide. La région du lac Tchad, partagée entre plusieurs pays, est un épicentre de l'activité de Boko Haram, qui s'est affilié à Daech. C'est dans cette région que les autorités nigériennes ont annoncé avoir tué le chef de cette organisation, Ibrahim Fakoura. L'attaque au Tchad est probablement une réponse.
- La Turquie fait en mars 2020 du chantage à la crise migratoire en encourageant les migrants à franchir la frontière grecque qu'Athènes n'entend pas laisser être transgressée. Les autorités turques le savent pertinemment et jouent sur le destin de ces migrants. Erdogan contrevient ainsi aux accords de 2016 dans lequel il s'engage à garder les migrants contre une aide européenne qui s'élève à six milliards d'euros. La Grèce n'est pas en mesure de faire front face à une nouvelle vague migratoire, semblable à celle de 2015. Bruxelles affiche sa solidarité avec Athènes.

Avril 2020

- Officiellement plus d'un million de personnes détectées sont infectées par la Covid-19, dans plus de 170 pays.
- Selon un comptage de l'Agence France-Presse, la barre des 100 000 morts liés à la Pandémie de Covid-19 dans le monde est dépassée.
- En France, le confinement de la population est prolongé jusqu'au 11 mai.
- La Turquie libérera un tiers de ses prisonniers pour freiner la propagation de la Covid-19. Au moins 45 000 prisonniers seront libérés jusqu'à la fin du mois de mai, à l'exception des personnes accusées d'infractions terroristes, ainsi que des journalistes et des politiciens accusés d'avoir comploté la tentative de coup d'État de 2016.
- Le président américain Donald Trump annonce que les États-Unis suspendent le financement de l'Organisation mondiale de la santé (OMS) dans l'attente d'une enquête.
- Une tuerie en Nouvelle-Écosse (Canada) fait 23 morts.
- Pour la première fois de l'histoire, le cours du baril de pétrole américain est négatif. Au soir du 20 avril, il atteint les -33,75 dollars, soit une baisse de -284 %.
- En Israël, le Premier ministre Benjamin Netanyahu et le leader de l'Alliance bleue et blanche Benny Gantz s'entendent sur un accord pour former un

gouvernement d'unité, mettant ainsi fin à plus d'un an d'impasse politique. Dans le cadre de l'accord, Netanyahu conservera son poste pendant 18 mois supplémentaires, Gantz le remplaçant par la suite.
– Le Liban légalise le cannabis médical, devenant le premier pays arabe à prendre cette décision.

Mai 2020

– Début de la première phase de déconfinement en Allemagne et en Belgique.
– À cause de la pandémie de Covid-19, l'ouverture de l'Exposition universelle de 2020 est décalée au 1er octobre 2021.
– Le Bundestag vote l'interdiction des thérapies de conversion des homosexuels en Allemagne.
– La mort de George Floyd au cours d'une interpellation policière provoque un scandale aux États-Unis, et des manifestations et émeutes à Minneapolis où le drame s'est produit.
– Le Costa Rica est devenu le premier pays d'Amérique centrale à autoriser le mariage homosexuel (le mariage homosexuel étant légal dans certains États du Mexique mais pas la totalité du pays) au terme d'une bataille judiciaire de plusieurs mois.
– Le secrétaire d'État américain Mike Pompeo déclare au Congrès que Hong Kong « n'est plus autonome vis-à-vis de la Chine » à la suite des plans de Pékin d'imposer une nouvelle loi sur la sécurité sur le territoire, et ne remplit plus sa désignation spéciale pour le commerce en vertu de la loi américaine qui a été établie dans le États-Unis – Hong Kong Policy Act.
– Le vaisseau Crew Dragon de SpaceX, lancé par une fusée Falcon 9, réalise son premier vol habité pour la NASA.
– En Allemagne, le géant ThyssenKrupp s'affaiblit sous le poids de sa dette. Cette grande entreprise en est réduite à se débiter en tranches pour faire face au poids d'une dette qu'il faut restructurer. ThyssenKrupp a déjà vendu son département ascenseur, et s'apprête à céder sa branche construction navale et son aciérie.

Juin 2020

– Un an après l'incendie de la cathédrale Notre-Dame de Paris, c'est le début du démontage de l'échafaudage installé autour de la flèche, avant l'incendie, et qui menace la structure du bâtiment. Cette opération devrait prendre fin en novembre 2020.

- Des manifestations en hommage à Adama Traoré, jeune homme de 24 ans mort lors de son arrestation par des gendarmes, ont lieu dans plusieurs villes de France comme Lille, Marseille et Paris. Elles dénoncent les violences policières, dans la même veine que le mouvement Black Lives Matters, et exigent la « vérité » pour la famille de cette victime. Lors de la dispersion de celles se déroulant à Paris, des échauffourées ont éclaté.
- Dans l'État mexicain de Tabasco a été découvert le plus ancien site de la civilisation maya, datant d'environ 1000 av. J.-C. Ce site a été baptisé « Aguada Fénix ». Cette découverte a été permise grâce à la technologie laser, révélant la présence d'une construction monumentale plus grande que la pyramide de Gizeh en Égypte.
- Défilé de salariés, syndicalistes et élus sur le site Renault de Choisy-le-Roi en contestation de la fermeture de celui-ci qui concerne 260 salariés. Le président du groupe automobile a annoncé un plan de 2 milliards sur 3 ans et la suppression de 15 000 postes, dont 4 500 en France.
- À cause de la crise sanitaire, de la chute des cours qui a provoqué une perte de 4,4 milliards de dollars de perte au premier trimestre 2020, le groupe pétrolier britannique BP (British Petroleum) a annoncé la suppression de 10000 emplois dans le monde, soit 15 % des effectifs du groupe.
- Six prévenus, liés à l'affaire Karachi, ont été condamnés à la prison ferme par le tribunal correctionnel de Paris. Notamment Renaud Donnedieu de Vabres, collaborateur de ministre de la Défense François Léotard, et Nicolas Bazire, ancien directeur de cabinet du Premier ministre Édouard Balladur. Cette affaire porte sur des commissions occultes de plus d'1 million d'euros qui ont été versées à des intermédiaires, afin de signer des contrats d'armement avec l'Arabie Saoudite et le Pakistan et de financer la campagne présidentielle d'Édouard Balladur en 1995.
- La SNCF (Société nationale des chemins de fer français) a conclu un partenariat avec l'entreprise américaine Uber de VTC. Ainsi les usagers d'Île-de-France peuvent réserver un trajet avec Uber, sans même avoir de compte sur cette plateforme, grâce à l'application d'assistance transport de la SNCF qui propose désormais les services de VTC de l'entreprise américaine. La SNCF touche une commission à chaque course réalisée, grâce à son application, par Uber. Ce genre de partenariat avait déjà été conclu entre la SNCF et des start-up françaises comme SnapCar et Karhoo.
- Une lettre a été adressée à Thierry Breton, commissaire au marché intérieur à Bruxelles, par des réalisateurs européens tels Pedro Almodovar, Costa Gavras ou encore Claude Lelouch. Ceux-ci souhaiteraient qu'une régulation soit imposée par l'Union européenne pour faire face aux géants numériques américains (Google, Apple, Facebook, Amazon et Netflix, aussi appelés GAFAN) et chinois. Ces cinéastes dénoncent l'influence de ces géants qui ont, selon eux, réduit le « citoyen » en « consommateur », soumis au « big data ».

- La Convention citoyenne pour le climat, composée de 150 citoyens tirés au sort, adopte 149 propositions pour lutter contre le réchauffement climatique. Parmi elles, se trouvent la mise en avant des circuits courts et du bio pour l'alimentation, mais aussi la taxation plus importante de la nourriture ultra transformée. Certaines propositions pourraient, dans le cadre de l'action gouvernementale, devenir concrètes et permettre d'agir en faveur de l'environnement et de la transition écologique.
- Wirecard AG, importante entreprise allemande de technologies, dépose le bilan. Elle employait plus de 5 000 salariés dans le monde. Une somme de 1,9 milliard d'euros, figurant dans les comptes de l'entreprise, n'existait pas. Il s'agit d'une des plus grandes fraudes financières en Allemagne.
- La statue de Colbert, présente devant l'Assemblée nationale, a été vandalisée par la Brigade Anti-Négrophobie (BAN). Ministre de Louis XIV, Jean-Baptiste Colbert fut à l'origine du Code noir, rédigé en 1685, réglementant l'esclavage dans les colonies françaises. Richard Ferrand, président de l'Assemblée nationale, a affirmé, en réaction à cette dégradation, que « revisiter l'Histoire » ou « vouloir la censurer dans ce qu'elle a de paradoxal parfois et absurde ».
- Le président du Kosovo, Hashim Thaçi, et le chef du Parti démocratique du Kosovo (PDK), Kadri Veseli, sont accusés de crimes de guerre et crimes contre l'humanité. Ils seraient responsables du meurtre, de la torture, de la persécution et de la disparition de 1 000 civils et militaires, entre 1998 et 2000. Malgré l'intervention des troupes de l'OTAN (Organisation du traité de l'Atlantique nord), le conflit avait engendré plus de 13 000 victimes.
- Marc Fumaroli, académicien et historien de la littérature réputé mondialement, s'est éteint à l'âge de 88 ans. Professeur au Collège de France, il a publié une trentaine d'ouvrages et a été distingué par des titres de docteur honoris caus dans des universités européennes.
- Dans l'affaire du glyphosate (herbicide à base de glyphosate, commercialisé par Monsanto, soupçonné d'être cancérigène), Bayer a trouvé un accord. L'entreprise allemande versera 10 milliards de dollars à des milliers de plaignants en échange de l'abandon des poursuites et des éventuels litiges. Aux États-Unis, plus de 25 000 plaintes avaient été déposées contre le géant allemand.
- Second tour des élections municipales en France. Il est marqué par un fort taux d'abstention ainsi que la montée en puissance du parti Europe Écologie Les Verts (EELV), la consolidation du Parti socialiste (PS) et du Rassemblement national (RN), et aussi un effondrement de la République en marche (LREM).
- François Fillon, ancien Premier ministre de Nicolas Sarkozy, a été condamné à 5 ans de prison, dont deux ferme, à une amende de 375 000 € ainsi qu'à

verser des dommages et intérêts à l'Assemblée nationale, dans l'affaire des emplois fictifs. Ce scandale avait discrédité le candidat des Républicains (LR) lors de la campagne de l'élection présidentielle de 2017. Les avocats de François et Pénélope Fillon ont interjeté appel de cette décision.

Juillet 2020

- Référendum en Russie, massivement approuvé, qui permet à Vladimir Poutine d'être éligible pour deux nouveaux mandats.
- Le port du masque est rendu obligatoire en France dans tous les espaces publics clos afin de limiter la propagation de la Covid-19. De nombreuses villes le rendent même obligatoires dans les espaces publics ouverts.
- Ghislaine Maxwell, fille de Robert Maxwell (magnat de médias et homme politique) et ex-compagne de Jeffrey Epstein, a été arrêtée par le Federal Bureau of Investigation (FBI). Elle a été inculpée pour trafic de mineures pour le milliardaire américain. Celui-ci, ami des chefs d'État et de la jet set, avait été accusé d'avoir monté un réseau international de prostitution et de pédophilie.
- Novartis, groupe pharmaceutique suisse, a versé plus de 600 millions de dollars pour mettre un terme à des poursuites judiciaires à son encontre. La justice américaine l'avait accusé de corruption. Le groupe suisse avait versé des « pots-de-vin », via des conférences, pour influencer des médecins et patients à prescrire et acheter certains médicaments fournis par Novartis.
- Le président de la République française a nommé Jean Castex comme nouveau Premier ministre. Diplômé de Sciences Po Paris et l'ENA, maire républicain de Prades, il a été, sous le quinquennat de Nicolas Sarkozy, conseiller social et secrétaire général adjoint à l'Élysée. Depuis la crise de Covid-19, il a été délégué interministériel chargé de la stratégie de sortie du confinement.
- Daimler AG, constructeur automobile allemand, a annoncé la vente du site de production à Hambach (Moselle). Dans cette usine, 2 millions de Smart (Swatch Mercedes Art car) ont été fabriqués. 1 500 emplois sont menacés. Ce site industriel avait été inauguré par le président de la République Jacques Chirac et le chancelier Helmut Kohl en 1997.
- Composition du nouveau gouvernement français par Jean Castex. Gérard Darmanin est le nouveau ministre de l'Intérieur, Élisabeth Borne la nouvelle ministre du Travail, Julien Denormandie le nouveau ministre de l'Agriculture ; l'avocat Eric Dupond-Moretti devient le Garde des Sceaux, Barbara Pompili, ministre de la Transition écologique, Roselyne Bachelot, ministre de la Culture. Bruno Le Maire, Jean-Yves Le Drian, Jean-Michel Blanquer, Olivier Véran, Florence Parly, gardent respectivement leurs ministères de l'Économie, des Affaires étrangères, de l'Éducation, de la Santé et de la Défense.

– Décès du célèbre compositeur, musicien et producteur Ennio Morricone à l'âge de 91 ans. Il a oeuvré pour le maître du western-spaghetti Sergio Leone, mais aussi de nombreux réalisateurs italiens comme Pier Paolo Pasolini, Vittorio de Sica, Bernardo Bertolucci, et américains, Brian de Palma, Oliver Stone, Quentin Tarantino. Il est l'auteur de 500 musiques de films, a vendu 70 millions de disques et a reçu un Oscar d'honneur en 2007.
– Les magasins du groupe Tati, dédié à la vente de textile et bazar bon marché, fermeront leurs portes à la fin 2020. La marque avait connu un grand succès depuis l'après-guerre grâce à sa griffe (vichy rose et blanc) et son slogan « Tati, les plus bas prix ».
– La décision de la Commission européenne de 2016 contraignant Apple à rembourser 13 milliards d'euros d'avantages fiscaux à l'Irlande a été annulée par la Cour de justice de l'Union européenne. Le géant américain avait conclu, entre 2003 et 2014, un accord avec les autorités irlandaises pour obtenir un traitement fiscal favorable pour ses bénéfices en Europe, Afrique, Moyen-Orient et Inde.
– Décès de Zizi Jeanmaire à 96 ans. Elle a débuté sa carrière comme « petite rat » de l'Opéra puis est devenue danseuse étoile des Ballets de Paris, sous la supervision du chorégraphe Roland Petit. Elle a joué dans des films hollywoodiens à succès, puis s'est lancé dans le music-hall en France. Elle est restée célèbre pour son air populaire *Mon truc en plumes*.
– La cathédrale Saint-Pierre-et-Saint-Paul à Nantes a subi un incendie d'origine criminelle, qui a causé de lourds dégâts, notamment l'orgue et le vitrail datant de 1498 représentant la duchesse-reine Anne et sa mère qui ont été détruits. Le responsable de ce feu, un ressortissant d'origine rwandaise de 39 ans, devait être expulsé à cause de son titre de séjour non-renouvelé.
– La sonde spatiale Al-Amal (« Espoir ») a été envoyée par les Émirats Arabes Unis en direction de Mars. Elle devrait atteindre la planète rouge en février 2021. Son objectif est d'étudier l'atmosphère martienne ainsi que les variations climatiques de la planète.
– Les 27 pays membres de l'Union européenne ont trouvé un accord pour le budget pluriannuel 2021-2027 qui s'élève à 1 074,3 milliards d'euros. Un plan de relance évalué à 750 milliards d'euros est mis en place en réponse à la crise sanitaire. Ces fonds seront répartis entre les différents membres de l'union, avec des prêts et subventions. La France devrait percevoir, pour sa part, une subvention de 40 milliards d'euros.
– Décès de l'avocate féministe Gisèle Hamili. Militante de la cause des femmes, elle a signé en 1971 le *Manifeste des 343* (comme Marguerite Duras, Simone de Beauvoir, Catherine Deneuve…) qui déclare avoir eu recours à l'avortement. En 1973, à travers le procès de Bobigny, durant lequel une jeune fille mineure est jugée pour avoir avorté suite à son viol, elle prend position en faveur de l'avortement.

Août 2020

- Après l'annonce des résultats des élections présidentielles, les manifestations pro-démocratie s'intensifient. Alexandre Loukachenko reste, malgré tout, président de la République de Biélorussie.
- Fuite de l'ancien roi Juan Carlos Ier qui régnait depuis 1975 sur l'Espagne. Il trouve refuge aux Émirats Arabes Unis (EAU). Âgé de 82 ans, dans le cadre d'une affaire de corruption avec l'Arabie Saoudite, le monarque est visé par une enquête par le Tribunal suprême de justice espagnol. Il est soupçonné d'avoir bénéficié de commissions illégales. Juan Carlos, figure populaire jusqu'en 2012, a laissé sa place en 2014 à son fils Felipe VI.
- Des explosions ravagent le port de Beyrouth. Au moins 190 morts et plus de 6 500 blessés sont à déplorer. Les dégâts matériels sont aussi considérables dans la capitale libanaise. La France, comme l'ensemble de la communauté internationale, se mobilise pour venir en aide aux Libanais.
- Bernard Stiegler, philosophe français, meurt à 68 ans. Grande figure intellectuelle et penseur de la modernité, cet auteur a écrit une trentaine d'ouvrages. Il était pionnier de la pensée contemporaine via la technique et le numérique.
- Kamala Harris, sénatrice californienne d'origine indienne et jamaïcaine, est désignée comme colistière de Joe Biden (parti démocrate américain). Cette femme était devenue procureur du district de San Francisco et fut la première femme à occuper le poste de procureur général de Californie en 2010.
- Le président de la République du Mali, Ibrahim Boubacar Keïta, a été renversé par un coup d'État militaire. En pleine insurrection populaire, il fut arrêté par les putschistes comme le Premier ministre, Boubou Cissé. Il dirigeait le pays depuis 2013. Auparavant il avait été Premier ministre entre 2000 et 2014 ainsi que président de l'Assemblée nationale de 2002 et 2007.
- Shinzo Abe, Premier ministre japonais, a démissionné de ses fonctions pour raison de santé. Fils de Shintarō Abe, ancien ministre des Affaires étrangères, il avait déjà occupé ce poste de 2006 à 2007 et était président du Parti démocrate-libéral (LPD) depuis 2012. Il était célèbre pour sa politique économique appelée « Abenomics » qui avait pour objectif de sortir le Japon de la crise par une politique monétaire audacieuse, une relance budgétaire et une stratégie de croissance à long terme.
- Départ du Tour de France, rare événement sportif maintenu malgré la crise sanitaire. Bien que les épreuves soient réduites, les coureurs ont pu participer à cette compétition, suivie par près de 40 millions de téléspectateurs, soit 7 millions de plus qu'en 2019.
- Alexeï Navalany, principal opposant russe à Vladimir Poutine, est hospitalisé après une grave maladie, puis transféré en Allemagne pour y être soigné en urgence. Des tests révèlent qu'il a été empoisonné par une toxine, créée

et utilisée par les soviétiques à des fins militaires. Il accuse alors Poutine d'être responsable de son empoisonnement, ce qui est démenti par Moscou. L'Union européenne sanctionne plusieurs proches de Vladimir Poutine, tandis que Moscou adopte des contre-sanctions.

Septembre 2020

- Ouverture du procès des attentats de janvier 2015 à la cour d'assises de Paris. Quatorze individus sont jugés pour leurs liens avec les terroristes responsables des attentats. En 2015, les frères Chérif et Saïd Kouachi attaquent la rédaction de *Charlie Hebdo* et assassinent 11 personnes dans les locaux du journal ainsi qu'un policier. Le lendemain une policière est abattue à Montrouge par Amedy Coulibaly. Le lendemain, les frères Kouachi se réfugient dans une imprimerie de Dammartin-en-Goële (Seine-et-Marne) tandis qu'Amedy Coulibaly prend en otage les clients d'un magasin Hypercacher. Les trois terroristes sont abattus par les forces de l'ordre. Au total ils auront fait 17 victimes.
- L'ouest des États-Unis est victime d'incendies sans précédent, accentués par une sécheresse importante, des températures record et des vents violents. On compte plusieurs dizaine de personnes décédées, 3 millions d'hectares partis en fumée et plusieurs milliards de dollars de dégâts matériels. San Francisco fait partie des villes touchées et son ciel vire à l'orange à cause des incendies, prenant ainsi des airs apocalyptiques et illustrant les conséquences du réchauffement climatique.
- George Bizos, avocat sud-africain originaire de Grèce, est décédé à 92 ans. Il avait défendu son ami Nelson Mandela, connu comme la figure majeure de la lutte anti-apartheid et leader du Congrès national africain (ANC). Ce juriste avait aussi participé à l'élaboration de la nouvelle Constitution démocratique de l'Afrique du Sud dans les années 1990. Ses concitoyens gardent de lui l'image d'un homme luttant contre l'oppression et pour la justice.
- L'ancien ministre de l'Intérieur et ancien délégué général de La République en marche (LREM), Jean-Christophe Castaner, est élu président du groupe parlementaire LREM à l'Assemblée nationale. Il a gagné cette élection face à la députée Aurore Bergé (Yvelines). Il remplace Gilles Le Gendre, le président démissionnaire de ce groupe. Son objectif est de consolider le parti présidentiel à l'Assemblée.
- Acteur et doubleur français, Roger Carel s'est éteint à 93 ans. Pendant plus de cinquante ans, il a doublé des films, téléfilms, séries télévisées, dessins animés...enchantant de sa voix petits et grands. Il a notamment doublé : Jules César, Mickey Mouse, Astérix, etc. Il a également joué dans des pièces de théâtre et films populaires (ex : Claude Chabrol, Gérard Oury...).

- Bernard Debré, fils de Michel Debré (père de la Constitution de la Ve République et Premier ministre du général de Gaulle, et frère de Jean-Louis Debré, ancien président du Conseil constitutionnel), est mort à 75 ans. Engagé en politique et de profession médicale, il fut tour à tour ministre, député, maire, conseiller de Paris, comme il fut un temps chef du service d'urologie de l'hôpital Cochin.
- Démission de Pierre Aidenbaum, adjoint au maire de Paris. Ce personnage politique a été mis en examen pour viol et agressions sexuelles par une de ses collaboratrices. Il a été maire du 3e arrondissement de Paris durant 25 ans, et conseiller de Paris pendant 30 ans. Il a également président un temps la Ligue internationale contre le racisme et l'antisémitisme (Licra).
- Des perquisitions sont menées, dans le cadre d'une information judiciaire ouverte par la Cour de justice de la République (CJR), chez plusieurs personnalités politiques : Édouard Philippe, ancien Premier ministre, Sibeth Ndiaye, ancienne porte-parole du gouvernement, Agnès Buzyn, ancienne ministre des Solidarités et de la Santé, Olivier Véran, successeur d'Agnès Buzyn, Jérôme Salomon, directeur général de la Santé. Quatre-vingt-dix plaintes de citoyens avaient été adressées à la Cour de justice concernant la gestion de la pandémie au printemps 2020.
- Moussa Traoré, ancien président de l'État malien depuis 1968, est mort à 83 ans. Il avait été renversé en 1991 par un coup d'État militaire. Sa dictature avait été marquée par la répression des manifestations, les arrestations d'opposants politiques et des accusations de détournements de fonds. Lors de crises africaines, il avait joué un rôle de médiateur. Il fut condamné à mort pour « crimes de sang » mais fut gracié par son successeur, Alpha Oumar Konaré.
- Chanteuse et actrice, Juliette Greco est morte à 93 ans. Elle a interprété des chansons écrites par des poètes tels que Jacques Prévert, Robert Desnos, Boris Vian, et des vedettes comme Léo Ferré, Georges Brassens, Serge Gainsbourg. Elle est restée célèbre pour des chansons comme *Déshabillez-moi* ou encore *Jolie Môme.*
- Julian Alaphilippe est sacré champion du monde de cyclisme sur route, à Imola, au nord de l'Italie. Dans l'histoire du cyclisme, il est le 9e français à porter le maillot aux couleurs de l'arc-en-ciel, après Antonin Magne, Louison Bobet, Bernard Hinault.
- Le cap d'un million de victimes du coronavirus, depuis le premier cas en Chine, est dépassé selon l'Organisation mondiale de la santé (OMS). Les États-Unis comptent 200 000 morts, le Brésil 500 000 et l'Inde 100 000. Quant à l'Europe, elle est aussi sévèrement touchée, notamment l'Italie, la Grande-Bretagne et la France, alors que l'Afrique et l'Océanie sont plutôt peu touchées.

Octobre 2020

- Gérard Larcher, sénateur Les Républicains (LR), est reconduit à la présidence du Sénat. Il occupe cette fonction depuis 2008.
- Donald Trump, président des États-Unis, et Melania Trump, son épouse, sont positifs à la Covid-19. Suite à de légers symptômes, le président quitte la Maison Blanche pour rejoindre l'hôpital militaire de Walter Reed, en banlieue de Washington. Il a donc dû interrompre sa campagne électorale, alors que Joe Biden, le candidat démocrate, est reparti en campagne.
- Une violente tempête, baptisée Alex, a frappé le sud-est de la France et le nord de l'Italie. Les vallées de la Roya, de la Vésubie et de la Tinée, situées au nord de Nice et Menton dans les Alpes-Maritimes, sont les 3 zones les plus touchées. Les intempéries ont détruit des villages, des ponts et des maisons. Des milliers d'habitants se sont retrouvés sans électricité ni eau potable.
- Emmanuel Macron, président de la République, a présenté, dans les Yvelines, aux Mureaux, un plan contre les séparatismes pour combattre « le séparatisme islamiste » et « les ingérences étrangères ». Il a indiqué regretter que, dans certains cas, les lois républicaines soient bafouées par l'Islam, notamment dans l'éducation.
- Kenzo Takada, grand couturier japonais et francophile, est mort à 81 ans. Ce styliste avait choisi, depuis les années 1960, la France comme pays d'adoption. Avant d'arriver à Paris, il avait étudié à Bunka Fashion College à Tokyo. A Paris, il crée sa première boutique de la galerie Vivienne. Durant sa carrière, il a tout mis en oeuvre pour élever la mode au rang des beaux-arts.
- Le prix Nobel de la paix récompense le Programme alimentaire mondial (PAM) mis en place par les Nations unies. Le comité Nobel a souligné ainsi les « efforts de lutte contre la faim » et la « malnutrition » menés par ce programme dans des zones de conflit comme le Soudan du Sud, la Syrie, le Yémen et l'Afghanistan. En 2019, le PAM a aidé 100 millions de personnes, collecté 8 milliards de dollars et emploie 8000 salariés partout dans le monde.
- Le professeur d'histoire et géographie Samuel Paty, exerçant au collège du Bois-d'Aulne à Conflans-Sainte-Honorine, est mort par décapitation en pleine rue. Abdoullakh Anzorov, son assassin, a été abattu par la police. Un parent d'élève musulman avait accusé le professeur d'avoir montré des caricatures de Mahomet réalisées et publiées par *Charlie Hebdo* lors d'un cours d'enseignement moral et civique (EMC). Suite à cet acte terroriste, le gouvernement a rendu un hommage national à l'enseignant.
- Nicolas Sarkozy, dans le cadre de l'enquête sur les soupçons du financement libyen de sa campagne présidentielle de 2007, a été mis en examen par le Parquet national financier (PNF) pour « association de malfaiteurs ». En retrait de la vie politique depuis sa défaite à la primaire des Républicains en 2016,

l'ancien président est déjà sous le coup de « corruption passive », de « recel de détournement de fonds publics » et de « financement illégal de campagne ».

- Alpha Condé, président de la République de Guinée, est réélu, à 82 ans, à 59,49 % des voix. La 3e candidature de ce président pour son poste avait engendré de nombreuses contestations, provoquant une dizaine de morts. Le président avait modifié la Constitution pour pouvoir briguer un nouveau mandat.
- Saad Hariri, président du parti politique Courant du Futur, a été nommé Premier ministre au Liban. Fils d'un homme d'Etat assassiné en 2005, il avait déjà occupé deux fois ce poste et démissionné en janvier 2020. En cette période de contestation populaire, il va devoir entreprendre des réformes économiques et sociales pour redresser la situation du Liban.
- Nouvel album de Lucky Luke : *Un cow-boy dans le coton*, dessiné par Achdé et scénarisé par Jul. Dans ce volume, le cow-boy devient propriétaire d'une plantation de coton en Louisiane. Les tensions entre Blancs et Noirs sont fortes après la guerre de Sécession. Lucy Luke est alors confronté à la pauvreté, l'injustice et au racisme.
- Emmanuel Macron, président de la République, annonce un reconfinement pour l'ensemble des Français. C'est la seconde vague épidémique en France. Le nombre de nouveaux cas par jour est de 50 000. Pour maintenir l'activité économique grâce au télétravail, les contraintes du confinement sont assouplies : les écoles, collèges et lycées sont ouverts, mais les commerces non-essentiels sont fermés.
- Recep Tayyip Erdoğan, président truc, critique le président français, Emmanuel Macron, qui a défendu la liberté de caricaturer et de blasphémer la religion. Le président turc, lui, appelle au boycottage des produits français en représailles. *Charlie Hebdo*, en réponse à cela, publie une caricature du chef d'Etat turc. Le parquet d'Ankara ouvre alors une enquête contre le journal satirique qui est, selon le gouvernement truc, hostile aux Turcs et à l'islam.
- Alain Rey, linguiste, lexicographe et lexicologue, est mort à 92 ans. Il a dédié sa vie, depuis 1952, aux dictionnaires Le Robert. Alain Ray était un vulgarisateur capable de passionner les Français pour la langue française.
- Une attaque terroriste au couteau a lieu à Nice, dans la basilique Notre-Dame de l'Assomption. Elle fait 3 morts : deux femmes fidèles et un sacristain. L'islamiste tunisien est blessé par la police niçoise. Il était arrivé par bateau jusqu'à l'île de Lampedusa, avant de se rendre en France par le train.
- Acteur britannique, connu notamment pour son rôle de James Bond, Sean Connery est décédé à l'âge de 90 ans. Anobli par la reine Elisabeth II en 2000, il a joué dans de nombreux films : *Indiana Jones et la dernière croisade, Le nom de la rose, Highlander,* etc., et pour de nombreux réalisateurs : Hitchcock, John Huston, Brian de Palma…

- Alassane Ouattara est élu, pour la troisième fois, président de la République de Côte d'Ivoire. Il a commencé sa carrière au Fonds monétaire international (FMI) et à la Banque centrale des Etats de l'Afrique de l'Ouest (BCEAO) en tant que gouverneur, il est ensuite devenu Premier ministre de 1990 à 1993, puis ministre de la Défense de 2012 à 2017, et président à partir du 6 mais 2011.

Novembre 2020

- Un attentat terroriste cause la mort d'une vingtaine de personnes à l'université de Kaboul, en Afghanistan. Le groupe Etat islamique a revendiqué l'attaque. Des tireurs et un kamikaze ont semé la terreur sur le camp, en visant les étudiants. Ashraf Ghani Ahmadzai, président de la République islamique d'Afghanistan, a assuré « venger cette attaque » et « chaque goutte de sang » des « étudiants innocents ».
- Joseph Robinette Biden Jr, dit Joe Biden, est devenu le 46e président des Etats-Unis. Il fut le vice-président de Barack Obama de 2009 à 2017. Pour la première fois de l'histoire des Etats-Unis, une femme est élue vice-présidente : Kamala Harris, d'origine jamaïcaine et indienne. Joe Biden est le président le plus âgé à la Maison Blanche. Il a également reçu le suffrage le plus important pour les élections présidentielles dans l'histoire politique des Etats-Unis, avec 80 millions de voix.
- Mette Frederiksen, Première ministre danoise, a déclaré qu'une quinzaine de millions de visons sera tuée par mesure de précaution pour éviter la propagation du virus. Des cas de coronavirus en mutation ont été signalés dans le nord du Jutland. Cette maladie récente a pu contaminer des éleveurs. Mogens Jensen, ministre de l'Agriculture, a démissionné. Le Danemark est le premier producteur mondial de peaux de vison, derrière la Chine, les Etats-Unis et le Canada.
- Pfizer, société pharmaceutique américaine, a créé un vaccin contre la Covid-19, dont l'efficacité s'élèverait à 90 % selon les premiers résultats de la phase 3 de l'étude clinique. La société a donc déposé, aux Etats-Unis, une demande d'autorisation de commercialisation pour ensuite permettre les premières vaccinations. Cette découverte scientifique fut accueillie favorablement par les bouses mondiales. Ainsi, l'action en bourse de Pfizer a bondi. Albert Bourla, président-directeur-général de la société, a vendu plus de 130 000 de ses propres actions.
- Le Premier ministre arménien, Nikol Pashinyan, a signé un cessez-le feu avec Vladimir Poutine, le chef du Kremlin, et Ilham Aliev, le président azerbaïdjanais, dans la guerre du Karabakh. L'Arménie a connu, depuis 2 ans, des conflits

violents dans le Nagomy Karabakh, enclave montagneuse peuplée majoritairement d'Arméniens et revendiquée par les Azerbaïdjanais. La Russie a, quant à elle, envoyé des forces pour maintenir la paix dans la région.

- La marque Supreme est achetée par le groupe textile VF Corporation pour une somme de 2,1 milliards de dollars. Cette enseigne est une référence du streetwear pour les amateurs de skateboard. Le groupe VF Corporation, lui, possède de nombreuses marques de mode grand public comme Vans, Timberland, The North Face ou encore Lee et Wrangler.
- Maurice Genevoix, écrivain français né la même année que le général de Gaulle, entre au Panthéon, monument où reposent les grands hommes de la République.
- L'ouragan baptisé Eta frappe les pays d'Amérique centrale et cause plus de 180 morts et des milliers de sinistrés. Parmi les Etats touchés, on compte le Mexique, le Guatemala, le Costa Rica, le Panama, le Nicaragua, le Honduras, le Salvador, Cuba, et aux Etats-Unis, la Floride. Outre des pertes humaines, Eta a engendré des dégâts matériels ainsi que des coupures d'électricité.
- Lewis Hamilton, pilote automobile, devient champion du monde de Formule 1. C'est la septième fois qu'il remporte ce titre, il égale ainsi le record de l'allemand Michael Schumacher.
- Au Pérou, Francisco Sagata est élu président du Congrès. Le nouveau leader du Pérou succède à Martin Vizcarra, destitué à cause des accusations de corruption portées contre lui. Avant son élection, c'était Manual Merion qui avait temporairement pris la présidence. Francisco Sagata a été cadre de la Banque mondiale avant de rejoindre le Parti violet puis de devenir député centriste.
- Barack Obama, ancien président des États-Unis, publie le premier tome de ses mémoires : *Une Terre promise.* Dans cet ouvrage, il raconte sa campagne présidentielle avant son élection de 2007, également les grands moments de sa présidence (entre 2007 et 2012) ainsi que sa vie personnelle et familiale à la Maison Blanche.
- Aux portes de Paris, les forces de l'ordre démantèlent un camp de migrants. À proximité du stade de France, plus de 2500 exilés, demandeurs d'asile et clandestins, venant d'Afghanistan, du Soudan, d'Éthiopie et de Somalie, s'étaient installés. Ils ont donc été évacués et envoyés dans des centres d'hébergement.
- Daniel Cordier, résistant, est mort à 100 ans. Il avait rejoint la France libre en 1950 et était devenu le bras droit de Jean Moulin. Il était l'un des derniers compagnons de la Libération encore en vie. Avant de se rallier à la France libre, il avait été marchand d'art et galerie. Ce témoin de la Résistance avait écrit ses mémoires : *Alias Caracall*a, livre paru en 2009.

- Ouverture du G20 virtuel à Ryad, Arabie Saoudite, présidé par le roi saoudien Salmane ben Abdelaziz Al Saoud. Durant ce sommet international la crise sanitaire et économique due au coronavirus et la solidarité pour permettre l'accès aux vaccins des pays les plus pauvres ont été abordées. L'affaire Jamal Khashoggi, journaliste saoudien assassiné, a toutefois plané sur ce sommet officiel.
- Danone, multinationale alimentaire française, a lancé un plan d'économie, suite à la baisse des ventes de ses produits à cause de la pandémie mondiale. Environ 2000 emplois, dont plusieurs centaines en France, seraient supprimés. Le directeur général du groupe, Emmanuel Faber, aurait déclaré son intention de renforcer la digitalisation et la robotisation des usines, ainsi que de réaliser 1 milliard d'euros d'économies dans les prochaines années.
- Décès du célèbre footballeur et entraîneur argentin Diego Maradona. Né dans une famille de paysans, il avait commencé à joué au football dans les rues de Buenos Aires. Il est sélectionné à 16 ans pour rejoindre l'équipe d'Argentine. Grâce à son jeu à la fois créatif et intuitif, il offre la Coupe du monde en 1986 à son pays. Il est considéré, comme le Brésilien Pelé, comme une légende sportive.
- Jean-Louis Servan-Schreiber, journaliste, essayiste et auteur de best-sellers, est mort à 83 ans. Après des études à Sciences Po, il a enseigné à l'université de Stanford. Il a ensuite créé, avec Jean Boissonnat, un empire dans la presse économique et financière avec *L'Expansion*. Sous l'impulsion du magnat de la presse, dans les années 2000, *Psychologies Magazine* est devenu une référence dans la presse dédiée à la santé.

Décembre 2020

- Valéry Giscard d'Estaing, président de la République, ministre, secrétaire d'État, député, maire, est mort à l'âge de 94 ans. « VGE » était très attaché à la construction européenne, comme son homologue allemand le chancelier Helmut Schmidt. Suite aux Trente Glorieuses, il était devenu le symbole du renouveau politique français par des réformes sociétales et économique. Il avait également été élu à l'Académie française en 2003, et était membre du Conseil constitutionnel en tant qu'ancien président de la République.
- Gaia, le télescope spatial européen, a révélé près de 2 milliards de nouveau objets célestes de la Voie lacté : exoplanètes, astéroïdes, etc. Le satellite avait été mis sur orbite par l'Agence spatiale européenne (ESA). Il stationne actuellement à 1,5 million de kilomètres de la Terre, à l'opposé de la direction du Soleil. Cette nouvelle carte spatiale est une révolution de la connaissance, selon les scientifiques.

- Fusion du réseau de banque du groupe bancaire Société générale et de la banque Crédit du Nord. Leur but est de s'adapter aux enjeux numériques liés aux banques en ligne. Cette fusion permet au groupe de comptabiliser 10 millions de comptes. Elle menace aussi 5000 emplois selon les syndicats et va causer la fermeture de 600 agences bancaires.
- Chuck Yeager, célèbre aviateur américain, est décédé à 97 ans. En 1941, il avait rejoint l'armée de l'air, avant l'entrée en guerre des États-Unis. Il fut le premier pilote à avoir effectué un vol supersonique en 1947. Il était à la fois mécanicien, pilote-instructeur et pilote d'essai. Il était considéré comme « l'homme vivant le plus rapide » et il a joué son propre rôle au cinéma dans le film *L'Étoffe des héros.*
- Première campagne massive pour encourager la population à se faire vacciner lancée par le Royaume-Uni. Cette campagne visait avant tout le personnel soignant et la population âgée. Le Premier ministre britannique, Boris Johnson, l'a qualifiée de « gigantesque pas dans la lutte contre la pandémie ». Le vaccin contre la Covid-19 a été conçu par Pfizer, importante firme américaine, et BioNtech, start-up allemande.
- D'ici 2040, la France, pour remplacer le Charles-de-Gaulle, va acquérir un nouveau porte-avion à propulsion nucléaire. Celui-ci sera construit à Saint-Nazaire, fera 300 m de long et 75 000 tonnes, et coûtera plusieurs milliards d'euros. Il servira à embarquer des armes nucléaires, accueillir 2000 marins et aussi des avions de chasse. Selon la ministre de la Défense, Florence Parly, il représentera un « instrument de puissance et de souveraineté ».
- Harold Budd, pianiste et compositeur américain, est mort à 84 ans. Travaillant sur la musique ambient, il a été influencé par des mélodies de jazz, d'Erik Satie et John Cage, mais aussi par la peinture de Mark Rothko. Dans les années 1980, il a collaboré avec Brian Eno. Son travail a influencé de nombreux artistes de la culture populaire.
- David John Moore Cornwell, connu comme John Le Carré, romancier britannique particulièrement intéressé par l'espionnage, est décédé à 89 ans. Il fut professeur au collège d'Eton, mais aussi ministre des Affaires étrangères, avant d'intégrer les services secrets britanniques, le MI6. Son expérience dans cette organisation l'a grandement influencé pour ses ouvrages littéraires. Son roman le plus vendu, *L'espion qui venait du froid,* est paru pendant la Guerre froide. Durant toute sa carrière, cet auteur a vendu 60 millions de livres.
- Le président de la République, Emmanuel Macron, a rencontré les membres de la Convention citoyenne pour le climat lors du Conseil économique, social et environnemental (CESE). Le gouvernement a ensuite pris en compte 145 des 149 propositions faites pas la convention. Le président, pour montrer l'importance de la lutte contre le réchauffement climatique, souhaiterait inté-

grer celle-ci dans le premier article de la Constitution de 1958. Un référendum pourrait être organisé pour que les Français donnent leur avis sur la question et que cet ajout soit réalisé ou non.

- Le verdict du procès des attentats de janvier 2015 est rendu par la Cour d'assises de Paris. Les peines s'étendent de 4 ans de prison à la réclusion à la perpétuité pour les 14 accusés, reconnus coupables d'association de malfaiteurs. L'intégralité du procès a été filmée pour les archives historiques de la justice.
- La sonde Chang'e-5 lancée par l'Administration spatiale nationale chinoise (CNSA) est arrivée sur la Lune, dans une zone encore inexplorée. Un engin a collecté de la roche et de la poussière lunaires pour ensuite les rapporter sur Terre. La Chine est désormais le 3e pays à avoir récupéré des échantillons lunaires, derrière les Etats-Unis et la Russie.
- Le président français, Emmanuel Macron, est diagnostiqué positif à la Covid-19 par un test RTPCR. Il s'est ensuite isolé durant 7 jours et a travaillé à distance.
- Un blocus sanitaire est imposé au Royaume-Uni par une cinquantaine de pays du monde, aussi bien asiatiques, européens qu'américains. En effet, une nouvelle souche de la Covid-19 aurait été détectée en Grande-Bretagne, étant plus contagieuse que celle d'origine, ainsi qu'en Afrique du Sud, au Danemark et aux Pays-Bas. L'Organisation mondiale de la santé (OMS) a demandé aux pays concernés qu'ils augmentent leurs capacités de « séquençage » du nouveau virus.
- L'acteur populaire Claude Brasseur, fils du comédien Pierre Brasseur et de la comédienne et écrivaine Odette Joyeux, est décédé à 84 ans. Il avait commencé sa carrière sous l'égide de Claude Renoir, de Marcel Carné et de Marcel Ophuls, et a joué pour des réalisateurs de la Nouvelle Vague. Il a rencontré le succès avec des films comme *La Boum*, les films *Camping*, et également au théâtre comme à la télévision.
- Un accord de partenariat commercial et économique entre Boris Johnson, Premier ministre britannique, et l'Union européenne (UE) est signé, et entrera en vigueur le 1er janvier 2021. Ce document fixe le cadre des relations entre le Royaume-Uni et l'UE. Les échanges sont assurés sans droit de douane ni quota. Les connexions aérienne, routière, ferroviaire et maritime sont maintenues. Le Royaume-Uni perd l'accès au marché unique. Pour la pêche, une période de transition est ouverte. En cas de différend, un « Conseil conjoint » sera mis en place.
- Premières vaccinations en France. Elles sont réalisées à l'hôpital René-Muret de Sevran en Seine-Saint-Denis, comme au centre gériatrique de Champmaillot du centre hospitalier de Dijon (Bourgogne-Franche-Comté). Avant de pouvoir être utilisé, le vaccin Pfizer BioNtech doit être stocké et transporté à une température inférieure à 70 °C.

- Pierre Cardin, homme d'affaires, propriétaire de Maxim's, milliardaire français et figure de la haute couture, est mort à 98 ans. Il s'était lancé dans la mode, durant les années 1950, à Paris. Ses défilés ont eu lieu partout dans le monde, par exemple sur la grande muraille de chine, ou sur la place rouge de Moscou. De célèbres personnalités, comme Salvador Dali ou Rita Hayworth, ont porté les créations de Pierre Cardin.
- Robert Hossein, comédien populaire, est mort à 93 ans. Il est devenu célèbre grâce à son rôle dans Angélique, aux côtés de Michèle Mercier. Il a monté plusieurs spectacles, autour de figures historiques telles que Jules César, Charles de Gaulle, etc. Il a aussi mis en scène des pièces classiques, celles de William Shakespeare, d'Edmond Rostand etc.
- Le compositeur et pionnier français de la musique électronique, Jean-Michel Jarre, a donné un concert en réalité virtuelle, *Welcome to the other side*, pour redonner vie à Notre-Dame de Paris, grâce au son, la lumière et les couleurs.
- Dans le monde, au moins 70 millions de personnes ont été infectées par la Covid-19. Au moins 1,6 million en sont mortes.

Janvier 2021

- L'ancienne ministre des Solidarités et de la Santé, Agnès Buzin, a été nommée à l'Organisation mondiale de la santé, à Genève.
- En vertu de la loi sur la sécurité nationale, une cinquantaine d'opposants politiques au gouvernement chinois ont été arrêtés par la police de Hong-Kong. De jeunes militants, un avocat américain et d'anciens parlementaires pro-démocratie, James To, Andrew Wan, Lam Cheuk Ting, font partie des interpellés. Ils sont accusés de déstabiliser le pays, suite à l'organisation d'élections primaires non officielles en 2020.
- Michelin, groupe clermontois de produits (notamment les pneus) destinés à des véhicules (voitures, camions…), a annoncé la suppression dans les années à venir de 2300 postes en France. Le groupe subit depuis plusieurs années la concurrence chinoise et ses coûts bas. En réaction à cette concurrence, Michelin s'est lancé dans la transition écologique. Ses projets industriels sont donc axés sur le recyclage, l'hydrogène et les matériaux durables.
- Les partisans de Donald Trump, suite au discours de celui-ci devant la Maison Blanche à Washington, marchent vers le Congrès pour contester le résultat des élections présidentielles. Des centaines de manifestants prennent le Capitole d'assaut, allant jusqu'à pénétrer dans l'hémicycle et le bureau de la présidente de la Chambre des représentants des Etats, Nancy Pelosi. Des agents de sécurité et des militaires de la Garde nationale interviennent. Quatre manifestants et un policier perdent la vie à cause de cet événement.

- Le vaccin Moderna reçoit l'autorisation de mise sur le marché dans l'Union européenne par l'Agence européenne des médicaments (EMA). Ce vaccin a été créé par Moderna Therapeutics, société de biotechnologie américaine, fondée et dirigée par Stéphane Bancel. Ce vaccin peut-être conservé à une température moins basse que son concurrent Pfizer.
- Boeing, constructeur aéronautique américain, a versé 2 milliards € aux Etats-Unis, aux compagnies aériennes et aux victimes, suite au crash d'un avion 737 MAX de Lion Air et d'Ethiopian Air. Après ce drame, l'Agence européenne de la sécurité aérienne (EASA) a fermé l'espace aérien européen aux Boeing 737 MAX. Le groupe américain avait dupé la Federal Aviation Administration lors du processus d'approbation de l'avion.
- Olivier Duhamel, journaliste, politologue et constitutionnaliste ainsi qu'ancien député européen socialiste et le président du Siècle (club élitiste), a été accusé par sa belle-fille, Camille Kouchner, fille de Bernard Kouchner, de viols et d'inceste sur un mineur de moins de quinze ans. Les faits qui lui sont reprochés sont relatés dans l'ouvrage *La familia grande*, récit autobiographique de Camille Kouchner.
- Twitter a suspendu le compte de Donald Trump, qui était jusqu'alors suivi par plus de 88 millions d'abonnés.
- Twitter, suite aux violences au Capitole, a bloqué 70 000 comptes affiliés à la mouvance pro-Trump QAnon, mouvance conspirationniste d'extrême droite, fidèle au président américain, née en 2017. Selon ses membres, Donald Trump mènerait une guerre secrète contre l'« Etat profond », le monde de la finance et de médias qui commettraient des crimes sataniques et pédophiles.
- Donald Trump, président républicain américain, est visé par une procédure d'impeachment. Il est accusé d'« incitation à la violence contre le gouvernement des Etats-Unis » suite à l'occupation du Capitole par ses partisans. La mise en accusation a été votée par la Chambre des représentants qui est en majorité démocrate. Pour la première fois de l'histoire des Etats-Unis, un président est visé par une seconde procédure de destitution.
- Première double greffe de bras et épaules réalisée en France sur un patient islandais d'une cinquantaine d'années qui avait été amputé à 26 ans. Cette opération a été faite à l'hôpital Edouard Herriot de Lyon et a duré 15 heures, mobilisant des équipes médicales et des soignants des secteurs publics et privés.
- Accor, groupe hôtelier dirigé par Sébastien Bazin, prévoit de licencier 1900 salariés en Europe, dont plus de 700 en France. Les syndicats dénoncent une « saignée sociale », s'inscrivant dans les pertes d'activités liées à la Covid-19, qui s'élèvent à 70 % du chiffre d'affaires du groupe. Celui-ci exploite par exemple les marques Ibis, Novotel et Mercure.

- Victoire du Français Stéphane Peterhansel au rallye-raid Paris-Dakar. Surnommé « Monsieur Dakar », il a triomphé pour la 14e fois. La course se déroulait, sur plus de 7 000 kilomètres, en Arabie Saoudite.
- Arrestation d'Alexeï Navalny, opposant politique russe, à son arrivée à Moscou. Il a été soigné en Allemagne suite à un empoisonnement, orchestré selon lui par les services spéciaux russes (FSB) sur ordre de Vladimir Poutine.
- Dix nano-satellites ont été lancés par Launcher One, sur une orbite terrestre, pour le compte de la National Aeronautics Space Administration (NASA).
- Jean-Pierre Bacri, auteur, dramaturge et scénariste français, est mort à 69 ans. Il a écrit par exemple la pièce de théâtre *Cuisine et dépendances*, également des scénarii pour Alain Resnais (comme *Smoking/No Smoking*) ou encore des comédies françaises (telle que *Le goût des autres)*.
- Joe Biden, 46e président des États-Unis, a prêté serment sur la Bible au Capitole. Kamala Harris est la première femme à accéder au poste de vice-présidente étatsunienne. Lors de cet événement, étaient présents : Barack Obama, Bill Clinton et Georges W. Bush, prédécesseurs de Donald Trump et Joe Biden, ainsi que Jill Biden, épouse du nouveau président américain. L'hymne américain a été chanté par Lady Gaga. Pour prévenir toute attaque des partisans de Donald Trump, 20 000 militaires étaient déployés à Washington.
- Rémy Julienne, cascadeur iconique du cinéma, est décédé à 86 ans. Il avait oeuvré sur des superproductions internationales, de James Bond à Da Vinci Code, etc. Il a aussi participé à des comédies populaires avec des acteurs comme Jean-Paul Belmondo, Louis de Funès, etc.
- Larry King, journaliste américain et animateur de radio et télévision, est mort à 87 ans. Il fut l'un des plus grands interviewers modernes, interrogeant des présidents américains, des célébrités du show-business, etc.
- Décollage de la fusée Falcon 9, de SpaceX, depuis Cap Canaveral, Floride. Ont été déployés : 133 nano-satellites commerciaux et gouvernementaux et 10 nano-satellites de SpaceX. Cette mission a établi le record de satellites mis en orbite autour de la Terre, grâce à un engin spatial.

Février 2021

- Un coup d'État militaire en Birmanie entraîne l'arrestation d'Aung San Suu Kyi, cheffe du gouvernement civil, et de généreux. Cette femme d'État, membre de la Ligue nationale pour la démocratie (LND), avait obtenu le prix Nobel de la paix en 1991. L'état d'urgence est proclamé par l'armée après le coup d'Etat. Antonio Guterres, secrétaire général de l'Organisation des Nations Unies (ONU), a condamné l'arrestation d' Aung San Suu Kyi.

- Le laboratoire AstraZeneca obtient l'accord de la Haute autorité de santé (HAS) pour lancer son vaccin contre la Covid-19. Ce 3e vaccin est autorisé en France. Contrairement aux vaccins à A.R.N. messager, il est conservé à long terme dans des réfrigérateurs et est proposé à des patients ayant moins de 65 ans.
- François Asselineau, ancien candidat à l'élection présidentielle en 2017, a été mis en examen pour harcèlement et agressions sexuelles. Il incarnait, dans le monde politique, le souverainisme, par son parti Union populaire républicaine (U.P.R.). Cet ancien conseiller ministériel, énarque et inspecteur général des finances, prônait notamment le « Frexit » et le retrait de la France de l'Organisation du traité de l'Atlantique Nord (OTAN).
- Elon Musk, patron de Tesla Motors et fondateur de SpaceX, aussi nommé comme « l'homme le plus riche du monde », a investi dans le bitcoin, une somme d'1 milliard et demi de dollars par l'intermédiaire de Tesla. Le cours de la cryptomonnaie a atteint un nouveau record avec 43 000 $ l'unité. Les clients pourront acquérir une voiture Tesla grâce à cette monnaie virtuelle.
- L'ancien président de la Banque centrale européenne (BCE), Mario Draghi, est devenu président du Conseil des ministres d'Italie. Diplômé d'un doctorat en économie au Massachusetts Institute of Technology (MIT), il a poursuivi sa carrière à la Banque mondiale, puis à la banque américaine Goldman Sachs et enfin en tant que gouverneur de la Banque d'Italie en 2005.
- Donald Trump, ancien président des États-Unis, est acquitté de son procès en destitution. Des Américains estiment qu'en tant que responsable de violences il devrait encourir des poursuites pénales. L'ex président n'a pas reçu de peine d'inégibilité, lui permettant de briguer un nouveau mandat en 2024.
- Vingt-huit laboratoires français ont été hackés, provoquant la diffusion en ligne des fichiers médicaux de presque 500 000 Français. C'est la plus grande fuite de données médicales de l'histoire de la médecine française. Des hôpitaux provinciaux ont aussi été victimes d'attaque informatique, les paralysant momentanément.
- Carlos Menem, ancien président de la Nation argentine de 1989 à 1999, est décédé à 91 ans. Sa politique avait causé des inégalités sociales, par des privatisations et une dollarisation. Il avait été condamné en 2013 pour trafic d'armes et en 2015 pour corruption.
- Atterrissage du rover « Perseverance » de la NASA sur Mars, dans le cratère Jezero. La mission « Mars 2020 », dont fait partie ce rover, lancée en 2020, doit rechercher des traces fossiles d'une forme de vie et aussi rapporter des échantillons de roches martiennes sur Terre.
- Daft Punk, célèbre groupe français de musique électronique, annonce sa dissolution. Il a créé des tubes, comme *Around The World, One More Time, Harder, Better, Faster, Stronger,* qui ont fait le tour du monde. Ce groupe

avait toujours cultivé le mystère par les casques portés continuellement par ses deux membres, Thomas Bangalter et Guy-Manuel de Homem-Christo.

- Jeff Koons, artiste américain, est condamné par la Cour d'appel de Paris pour contrefaçon. La marque Naf Naf l'accuse d'avoir plagié sa publicité de 1985. La sculpture de Jeff Koons était exposée en 2015 au Centre Georges-Pompidou, à Paris, en 2014. La société Jeff Koons LLC, Jeff Koons lui-même, ainsi que le centre national d'art et de culture ont été condamnés à verser des dommages et intérêts à la marque de prêt-à-porter.
- L'autorisation d'un vaccin à dose unique contre la Covid-19 est donnée par l'Agence américaine des médicaments (Food and Drug Administration). Ce vaccin viral, développé par Johnson & Johnson, cinquième groupe mondial de santé, sera administré aux personnes de plus de 18 ans. Moins cher que ses concurrents, ce vaccin devrait permettre de lutter activement contre la pandémie mondiale.

Mars 2021

- Génération identitaire (GI), groupuscule d'extrême-droite, est dissous en Conseil des ministres. Selon le ministre de l'Intérieur, Gérald Darmanin, cette association tenait un discours de haine, de violence et de discrimination. Ses militants étaient responsables de plusieurs opérations coups de poings contre les migrants aux frontières françaises, dans les Alpes et Pyrénées.
- Les syndicats du milieu du spectacle ont occupé l'Odéon-Théâtre de l'Europe. Ce théâtre était un symbole culturel des événements de mai 1968. En l'occupant, ils réclament la réouverture des lieux culture, notamment de spectacle, lourdement impactés par la pandémie mondiale.
- Rencontre en Iraq entre le pape François et l'ayatollah Ali Al-Sistani, haut dignitaire des musulmans chiites. Le pape a aussi visité des villes, comme Mossoul, des églises, comme celle de Notre-Dame de la Délivrance à Bagdad, et Ur, cité sumérienne et terre natale d'Abraham. Le souverain pontife a invité à la « paix » et l'« unité » au Moyen-Orient, surtout en Syrie « martyrisée ».
- Patrick Dupond, célèbre danseur français, est décédé à 61 ans. Il a débuté sa carrière comme jeune danseur étoile à l'Opéra national de Paris, puis est devenue directeur de la danse, succédant à Rudolf Noureev.
- Suspension provisoire de l'administration du vaccin AstraZeneca sur ordre du gouvernement français. D'autres pays, comme l'Allemagne et l'Italie, ont cessé de l'utiliser pour vacciner leur population, par principe de précaution. Des individus vaccinés par ce produit ont été victime d'effets secondaires graves, comme la thrombose ou l'embolie pulmonaire.

- Un nouvel outil de dépistage est autorisé en France par la Haute Autorité de santé (HAS). L'autotest antigénique par prélèvement nasal est assigné aux personnes asymptomatiques de plus de quinze ans. Il permet d'obtenir des résultats en moins d'une heure pour dépister une infection par la Covid-19. Ce dispositif est aussi disponible dans d'autres pays européens, comme l'Allemagne et la Grande-Bretagne.
- Fermeture de la librairie Gibert Jeune, place Saint-Michel à Paris. Elle existait depuis 1888, a aidé de nombreux étudiants dans leurs études et universitaires dans leurs recherches.
- Denis Sassou Nguesso, homme d'Etat et militaire congolais, remporte dès le premier tour les élections présidentielles du Congo. Il est réélu pour un mandat de 5 ans.
- Accusée de blanchiment, fraude fiscale et démarchage illégal, la banque suisse UBS est condamnée à une amende de 3,7 milliards d'euros par la justice française, ce qui est un record historique en France.
- Le porte-conteneur Ever Given s'échoue dans le canal de Suez. Il bloque ainsi la circulation dans ce canal hautement stratégique pour le commerce international entre l'Europe et l'Asie. Plus de 300 navires ont été bloqués à cause de cet incident selon l'Autorité égyptienne du canal de Suez (SCA).
- Bertrand Tavernier, fils du résistant et poète René Tavernier, réalisateur, scénariste, producteur et historique du cinéma, est décédé à 79 ans. Il avait réalisé des films, notamment avec Philippe Noiret, comme *Que la fête commence, Le juge et l'assassin, La vie et rien d'autre.* Il avait même remporté un Oscar en 1986 pour son film *Autour de minuit.*
- La ministre de la Culture, Roselyne Bachelot, a décidé de l'ajout du nom de Valéry Giscard d'Estaing, ancien président de la République de 1974 à 1981, à la dénomination des Musées d'Orsay et de l'Orangerie. Cet ancien président avait oeuvré pour la transformation de la gare d'Orsay en un musée d'art.
- Servier, groupe pharmaceutique français, a été condamné, par le tribunal correctionnel de Paris, à verser une amende de près de 3 millions d'euros, après un procès de 500 heures. Le laboratoire, dans le cadre de l'affaire du Mediator, a été reconnu coupable de « tromperie aggravée » et d'« homicides et blessures involontaires ». Ce médicament, mise sur le marché en 1976, a provoqué des lésions des valves cardiaques et de l'hypertension artérielle pulmonaire chez les patients qui y ont eu recours.
- Ikea France, filiale française du leader suédois de mobilier, est condamné par le parquet de Versailles à une amende de 2 millions d'euros, et son ancien président directeur général à un an de prison ferme. Le système de surveillance illégale des salariés, des candidats à l'embauche et des clients, entre 2009 et 2012, a valu cette condamnation à l'entreprise et son président. La

décision de justice rappelle donc que la protection de la vie privée est un enjeu majeur dans la société.

- Laurent Gbagbo, ancien président ivoirien, a été acquitté par la Cour pénale internationale (CPI). Il est donc reconnu non coupable de crimes contre l'humanité et de crimes de guerre. Cela met un terme à 10 ans de procédures judiciaires. Laurent Gbagbo avait refusé sa défaite politique face à son rival. Les violences qui s'en étaient suivies avaient fait 3000 victimes en Côte d'Ivoire.

Avril 2021

- Un convoi exceptionnel a eu lieu au Caire pour transférer 22 momies de rois et reines égyptiens du musée du Caire au nouveau Musée national de la civilisation égyptienne (NMEC). Cet événement historique a été suivi par des millions de téléspectateurs, du monde entier, et le président Abdel Fattah al Sissi et le Premier ministre Mostafa Madbouli y ont assisté en direct.
- Un hommage a été rendu au « manifeste des 343 » paru en 1971 dans l'*Observateur*. Pour le 50e anniversaire de cet événement, une tribune de « 343 salopes » est parue dans le *Journal du Dimanche*. La tribune a été signée par des femmes artistes, féministes et politiques qui revendiquent ainsi l'allongement du délai légal durant lequel une femme peut se faire avorter (passant de douze à quatorze semaines). Depuis 1975, par la loi Veil, l'avortement est légal est France. Chaque année plus de 200 000 avortements sont pratiques dans le pays.
- Une catastrophe naturelle, au Timor oriental et en Indonésie, a provoqué de lourds dégâts matériels (routes, ponts, logements et hôpitaux endommagés) et humains (des centaines de morts et blessés).
- Michel Houellebecq, intellectuel français, en lien avec une proposition de loi à l'Assemblée nationale, a donné son opinion sur une potentielle légalisation du suicidé assisté dans un article du *Figaro*. Il s'oppose farouchement à cette « rupture anthropologique » et considère que « personne n'a envie de mourir ». Toujours selon lui, la France perdrait « tout droit au respect » si elle venait à légaliser l'euthanasie.
- La vaccination en France avance. Des stades sportifs (Stade de France à Saint-Denis, Groupama Stadium à Lyon, etc.) sont transformés en vaccinodrome afin de vacciner davantage de citoyens le plus rapidement et efficacement possible. Les hôpitaux d'instruction des armées françaises (à Clamart, Saint-Mandé, etc.) ont également augmenté leurs capacités d'accueil pour vacciner des volontaires.
- Emmanuel Macron, président de la République, annonce la suppression de l'École nationale d'administration (ENA), créée en 1945 par Charles de Gaulle. Cette école sera rebaptisée sous le nom d'Institut du service public

(ISP) et sera plus ouverte aux enjeux actuels de la société française. Elle symbolisera aussi une administration plus efficace et transparente au service du peuple français. L'ENA, quant à elle, avait été critiquée pour sa formation coupée des réalités économiques et sociales du pays.

- L'époux de la reine Elisabeth II et duc d'Edimbourg, Philipp Mountbatten, est décédé à 99 ans. Né en 1921, le prince avait intégré en 1939 la Royal Navy britannique. Il avait accédé au trône en 1952, à la mort du roi George VI, aux côtés de son épouse Elisabeth. Passionné par la nature, il avait également présidé le Fonds Mondial pour la nature (WWF) du Royaume-Uni.
- Alibaba, plateforme chinoise de commerce en ligne fondée par Jack Ma, a été condamnée à une amende de plus de 18 milliards de yuans pour abus de position dominante. En effet, cette entreprise était accusée d'exiger l'exclusivité des commerçants pour éviter que leurs produits ne soient vendus sur des sites concurrents. C'est la plus importante amende antitrust imposée à une multinationale, en Chine.
- Le président de la République du Tchad, Idriss Déby Itno, est réélu à son poste pour un sixième mandant à une grande majorité. Il dirige le pays depuis 1990, après avoir renversé le président Hissène Habré.
- Bernard Madoff, banquier américain, est mort à 82 ans. Il était connu pour avoir commis une des pires escroqueries financières de l'histoire. Il avait été condamné, en 2009, à 150 ans de prison, pour avoir entre autres mis en place une fraude pyramidale dite « à la Ponzi ». Ses victimes étaient à la fois des banques et des stars hollywoodiennes.
- Vote à l'unanimité, à l'Assemblée nationale, du texte dédié aux agressions et atteintes sexuelles sur mineur. L'âge de non-consentement a été validé par les députés à 15 ans et l'ont élevé à 18 ans pour les cas d'inceste. En cas de viol, la peine est établie à 20 ans de réclusion criminelle. Cette loi permet de renforcer la protection des mineurs et révolutionne en partie le Code pénal.
- Une « télégrève », grève virtuelle, a été organisée par les salariés d'IBM France. Une centaine d'entre eux a ainsi perturbé une réunion du comité social et économique (CSE) du groupe, avant d'être exclus de la visioconférence. Cette manoeuvre avait pour objectif de dénoncer le plan de sauvegarde de l'emploi prévu par l'entreprise, qui va engendrer plus de 1000 suppressions d'emplois, c'est-à-dire un quart des effectifs français. Cette restructuration est prévue pour l'ensemble des filiales européennes de la multinationale.
- Départ du pouvoir de Raul Castro, âgé de 89 ans et frère de Fidel Castro, à Cuba. Le poste de Premier secrétaire du Parti communiste de Cuba est désormais occupé par Miguel Díaz-Canel. Cet homme a été ingénieur, ministre de l'Enseignement et vice-président du Conseil des ministres avant de décrocher ce nouveau poste.

- Publication dans le magazine *Valeurs Actuelles* d'une tribune pour un retour de l'honneur et du devoir sur la scène politique, par d'anciens généraux, des hauts-gardés et plus de 1000 militaires. Cette tribune a divisé la classe politique, touts bords confondus. Jean Castex, Premier ministre, a, pour sa part, condamné les propos tenus par ces militaires à la retraite, qu'il juge contraires à l'esprit républicain. Florence Parly, ministre des Armées, a, quant à elle, rappelé le devoir de réserve des militaires.
- Disparition du sous-marin KRI Nanggala 402 au large de Bali au cours de manoeuvres militaires. Il a finalement été retrouvé à 800 mètres de profondeur, des centaines de militaires et une vingtaine de bateaux ayant été mobilisés dans cette optique. L'accident a causé la mort de 53 membres d'équipage.
- Marc Ferro, historien et universitaire français, est mort à 96 ans. Doctorant et ancien directeur de recherche à l'Ecole des hautes études en sciences sociales (EHESS), il était spécialiste de la Russie et de l'histoire du cinéma. Il avait également assuré la co-direction des Annales. Il fut l'auteur de plus de 60 livres et avait présenté l'émission *Histoire parallèle* sur Arte.
- Au commissariat de Rambouillet, au Sud de Paris, une policière, de 49 ans, a été tuée au couteau. Son assaillant a crié « Allah Akbar » et est décédé sous les balles d'un policier. Il était arrivé en France sans papier en 2009, régularisé en 2019 avec une carte de séjour d'un an, et il était connu des services de police et de renseignements. Une enquête a été ouverte par le parquet national antiterroriste.
- Décollage de la fusée Falcon 9 depuis Cap Canaveral en Floride. Thomas Pesquet, astronaute français de l'Agence spatiale européenne (ESA), a été désigné comme commandant de la Station spatiale internationale (ISS) de la mission Alpha. Il fut le premier Européen à rejoindre l'ISS grâce à la capsule Crew Dragon de SpaceX.
- En Ariège, dans les Pyrénées, c'est la fin du séjour en immersion totale dans une grotte de quinze hommes et femmes, débuté à la mi-mars et intitulé « mission Deep Time ». Durant ces 40 jours d'isolement total, des recherches médicales et psychologiques ont été réalisées dans un environnement à 10 °C et à 100 % d'humidité, sous l'égide de l'explorateur franco-suisse Christien Clot.
- Deux Oscars ont récompensé le film *The Father,* réalisé par le Français Florian Zeller. L'acteur principal, Anthony Hopkins, a été sacré meilleur acteur, et la statuette du meilleur scénario adapté est revenue à Florian Zeller. Ce film, adapté de la comédie dramatique du même nom (ayant connu un franc succès aux Etats-Unis), raconte la triste vie d'un homme atteint de la maladie d'Alzheimer. Florian Zeller a écrit douze pièces de théâtre et cinq romans, dont l'un d'eux, le livre *La fascination du pire,* avait obtenu le prix Interallié en 2004.

- Michael Collins, astronaute américain, est décédé à 91 ans. Il fut pilote de commande et de service en orbite autour de la Lune pendant la mission Apollo 11, tandis que Neil Armstrong et Buzz Aldrin effectuaient le premier alunissage en 1969. Durant sa carrière il fut aussi secrétaire d'Etat adjoint aux affaires publiques pour Richard Nixon, président des Etats-Unis.
- Au pied du mont Meron, dans le nord d'Israël, a lieu un pèlerinage, rassemblant des dizaines de milliers de juifs orthodoxes pour des célébrations religieuses. Cette fête a célébré la vie du rabbin Shimon bar Yohaï, vivant en Galilée au second siècle de l'ère chrétienne. Une bousculade s'est produite et a provoqué la mort de 44 pèlerins, ainsi qu'une centaine de blessés.

Mai 2021

- Au terme des manifestations du 1er mai, les militants de la CGT sont violemment attaqués par des manifestants, certains se revendiquant comme gilets jaunes. Une vingtaine de blessés, dont 4 graves, et d'importants dégâts matériels notamment les voitures des syndicalistes sont à déplorer.
- Des milliers de manifestants, partout dans le monde (Canada, Suède, Belgique…), protestent contre les mesures sanitaires, notamment le port du masque, jugées trop sévères et injustifiées. Cela a donné lieu à de nombreuses interpellations.
- Ouverture du procès de Nordahl Lelandais le 3 mai 2021. Il était, à l'origine, soupçonné du meurtre d'une petite fille, prénommée Maëlys, disparue lors d'une réception de mariage en août 2017. Il a ensuite été établi, au cours d'investigations, qu'il était lié à la disparition du militaire Arthur Noyer. C'est pour ce second cas qu'il est présenté devant la justice. Le 11 mai 2021, il est reconnu coupable du meurtre d'Arthur Noyer et condamné à 20 ans de réclusion criminelle. Une cellule judiciaire a été ouverte pour déterminer si Nordahl Lelandais est lié à d'autres affaires de disparition. Il comparaitra en mai 2022 pour l'affaire Maëlys.
- Blocage de lycées en contestation avec le maintien en présentiel de certaines épreuves (grand oral et philosophie) alors que les autres sont basées sur le contrôle continu. Selon les syndicats lycéens, ce maintien serait désavantageux pour les élèves ne pouvant pas travailler dans un bon environnement de travail. Ce sentiment d'inégalité est également perçu par les élèves de BTS qui, eux, devront, à ce jour, passer toutes leurs épreuves en présentiel afin d'obtenir leur diplôme.
- Olivier Dubois, journaliste pour *Libération* et *Le Point,* est pris en otage par le Groupe de soutien à l'islam et aux musulmans (GSIM), une branche du groupe Al-Qaïda. Il a appelé les autorités françaises à l'aide dans une vidéo de quelques secondes diffusée sur les réseaux sociaux.

- Loi climat adoptée à l'Assemblée nationale. Elle est inspirée de la Convention citoyenne pour le climat, même si certaines propositions faites par cette convention ont été modifiées voire retirées. La loi prévoit des mesures pour réduire les émissions de pollution en France, comme la suppression de certains trajets en avion en France s'il est possible de les réaliser autrement que par ce mode de transport, etc. Cette loi est toutefois jugée insuffisante par de nombreux écologistes et ONG, comme Greenpeace. Ce texte sera étudié en juin par le Sénat.
- Commémoration des 200 ans de la mort de Napoléon Bonaparte par Emmanuel Macron, président de la République. Elle a été saluée par certains, jugeant ce personnage historique essentiel pour la France, mais critiquée par d'autres, rappelant que Napoléon avait rétabli l'esclavage et causé de nombreux morts par ses nombreuses campagnes militaires.
- Facebook envisage de devenir payant, suite aux nouvelles protections mises en place par Apple pour protéger les données personnelles de ses utilisateurs, obligeant Facebook à demander aux propriétaires d'appareils de cette marque leur consentement pour continuer à récolter leurs données. Beaucoup d'individus le refusent donc, considérant que cela nuirait à leur vie privée. Ce changement menace donc le système économique de Facebook, reposant sur les données personnelles d'utilisateurs, et donc la gratuité de l'application.
- Mort d'un policier de 36 ans à Avignon, où il effectuait une opération antidrogue. L'auteur du coup de feu est en fuite. La mémoire du policier a été saluée par Gérald Darmanin, ministre de l'Intérieur.
- Dès le 12 mai, en France, la vaccination est ouverte à tous les citoyens majeurs, même si les personnes âgées et fragiles restent prioritaires. Tout citoyen peut donc prendre rendez-vous le jour pour le lendemain, s'il reste des doses, pour se faire vacciner. L'objectif, outre de continuer la lutte contre la pandémie, est d'éviter de gâcher des doses de vaccin. Pour réserver un créneau de vaccination, il est possible de passer par ViteMaDose, site mis en place à cet effet.
- En France, le 10 mai a lieu la journée nationale des mémoires de l'esclavage. Journée mise en place en 2001, par la loi Taubira, avec pour but d'affirmer que l'esclavage est un crime contre l'humanité auquel la France a pris part. Le 27 avril 1848 a eu lieu l'abolition définitive de l'esclave en France.
- Des affrontements entre policiers Israéliens et Palestiniens ont lieu à Jérusalem, faisant des centaines de blessés. Des familles Palestiniennes sont menacées d'expulsion par des propriétaires israéliens, qui veulent chasser cette population de « leur » territoire. La Palestine et Israël revendiquent tous les deux Jérusalem comme capitale.

- Manifestations pour le climat en réponse à la loi climat jugée insuffisante par de nombreux Français. *Le Journal du Dimanche* révèle aussi que le président de la République, Emmanuel Macron, enterre l'idée d'un référendum qui devait permettre d'intégrer la lutte contre le réchauffement climatique dans la Constitution. Cela a été démenti par l'Élysée, mais aucune prévision n'a pour autant été donné sur la date éventuelle de ce référendum. Le Sénat examine à son tour la loi climat.
- Début du déconfinement en France. Les déplacements sont désormais libres, sans obligation d'attestation jusqu'au couvre-feu à 19h. Les prochaines étapes du déconfinement auront lieu en juin.
- Le 22 mai 2021 l'Italie remporte la finale de l'Eurovision, concours international de chant créé en 1956 (à l'origine entre pays européens et la Suisse, puis s'étant ouvert à d'autres pays avec le temps), à Rotterdam. Les pays qualifiés pour la finale sont : les Pays-Bas (hôtes de la compétition), la France (automatiquement qualifiée car faisant partie des 5 pays contribuant le plus, financièrement, à l'organisation de cette compétition), la Lituanie, la Russie, Chypre, l'Ukraine, la Norvège, Israël, Azerbaïdjan, Malte, la Suède et la Belgique. L'Eurovision avait été annulée en 2020, à cause de la pandémie.

2. Votre boîte à outils pour progresser

A. Les Podcasts

Le podcast est gratuit. C'est une numérisation radiophonique (ou vidéos) qui comporte l'avantage d'archiver, d'écouter, de réécouter des émissions diffusées, en différé. Une bonne utilisation de cet outil peut permettre d'économiser énormément de temps et d'argent. En effet, il existe par exemple bon nombre de podcasts de revue de presse (Europe 1, France Inter, France Info, RFI, BFM, etc.).

L'avantage réside également dans le fait que ces revues de presse sont classées par thème (la revue de presse économique ; géopolitique ; politique, etc.).

Plus spécifiquement, renseignez-vous sur les émissions directement en prise avec les sujets qui entrent dans le cadre de votre préparation aux concours. Certaines conférences tenues dans les grandes écoles de commerce et autres universités américaines sont également présentes sur l'iTunes Store (Harvard, Collège de France, etc.). Vous pourrez ainsi apprendre sans effort des exemples, des chiffres, des noms, bref, toute l'actualité économique sur laquelle vous serez interrogé.

Notre sélection de podcasts

France Info : Défi futur ; le Journal de l'éco ; Question d'argent ; Patron chef d'entreprise ; Tout info, tout éco ; les Entrepreneurs du nouveau monde ; Kiosque d'info

France Inter : les Débats économiques ; l'Éco du jour ; la Revue de presse

Europe 1 : la Revue de presse

BFM : la Revue de presse éco ; les Coulisses de l'entreprise ; Argent comptant ; le Club de l'innovation

B. Notre shortlist de « favoris »

Ici encore nous considérons le temps passé par les candidats à naviguer sur Internet comme trop important pour s'affranchir d'en dire deux mots. Votre page de navigation, véritable tableau de bord, doit concourir à l'optimisation de votre temps.

Les sites incontournables

Informations (françaises, européennes et internationales) : www.lesechos.fr, www.lemonde.fr, www.courrierinternational.com, www.rfi.fr, www.ft.com/home/europe, www.nytimes.com ; Nous vous conseillons aussi de suivre régulièrement 2 ou 3 « penseurs » (économiste, politologue, sociologue, etc.) par le biais de leur blog, par exemple les blogs de Jacques Atali (blogs.lexpress.fr/attali/), de Daniel Schneidermann (www.rue89.com/schneidermann-9-15) ou encore celui de Jean Daniel (jean-daniel.blogs.nouvelobs.com).

Pratique : convertisseur de devises : www.xe.com/ucc/fr/ ; dictionnaires : www.larousse.fr/dictionnaires ; www.wordreference.com/fr/ ; littre.reverso.net/dictionnaire-français/ – recherches rapides : www.wikipédia.fr ; (encyclopédie Encarta en téléchargement gratuit).

Autres : dictées de Pivot : www.tv5.org/TVSite/dictee/dictee.php

C. Smartphones, Ipods et Ipads

Les supports numériques sont des « outils de connaissance » qui doivent participer à l'effort de préparation des candidats. Il existe des applications utiles à ne pas négliger, si toutefois vous êtes à l'aise avec ces supports. Notez que les sites listés plus haut sont pour une grande majorité d'entre eux compatibles sur Smartphone et Ipad. L'Ipod doit vous permettre d'écouter vos podcasts n'importe où, n'importe quand. Soyez branché !

3. Comment réviser les questions qui ne s'appuient pas sur l'actualité ?

Surtout, ne les révisez pas !

Vous avez en effet bien plus à gagner en travaillant les questions d'actualité des 24 derniers mois.

Pour ces questions « hors actualité », il vous faudra avoir un brin de chance et espérer tomber sur des thèmes qui vous sont chers. Nous pensons qu'il est **bien peu payant** que de passer du temps sur l'histoire de la Seconde guerre mondiale ou encore sur les grandes œuvres picturales du XIXe siècle… Le programme est bien trop vaste !

Retenez simplement que **les questions qui ne s'appuient pas sur l'actualité ne sont pas les plus difficiles** et que nous sommes sûrs que vous parviendrez à répondre à une bonne moitié d'entre elles après vous être entraîné sur cet ouvrage.

43 Ouverture culturelle

100 questions d'actualité pour vous entraîner

1. Énoncés

1 Quel est le nom du groupe extrémiste responsable du kidnapping de 276 lycéennes au Nigéria le 14 avril 2014 ?

2 Combien de médailles d'or aux Jeux olympiques Teddy Riner a-t-il obtenues ?

3 François Michelin est décédé en 2015. En quelle année a été créée l'entreprise qui porte son nom ?

4 Qui est l'actuel président du Pérou ?

5 Quels sont les deux pays qui entourent le Panama ?

6 Qui présente en 2021 la cérémonie des Césars ?

7 De quel pays Recep Tayyip Erdogan est-il le président ?

8 Quel film obtient la Palme d'Or à Cannes en 2019 ?

9 En France, quelle est la première région agricole ?

10 Le 6 mai 2017, pour quel pays la Cour pénale internationale a été saisie d'accusation de génocide et de persécution envers les homosexuels ?

11 Quelle est l'espérance de vie d'une femme en France en 2021 ?

12 En France, quel ancien Premier ministre sous la présidence de François Mitterrand, ayant fait usage de l'article 49.3 au parlement 28 fois au cours de ses mandats, est décédé le 2 juillet 2016 ?

13 Au 1er janvier 2021, la France compte environ combien d'habitants ?

14 Quel scandale mondial a éclaboussé le monde de la finance en avril 2016 ?

15 Quelle course hippique qui se dispute en mai en Suède est l'une des courses les plus importantes de l'année avec le Grand Prix d'Amérique et l'Hambletonian ?

16 En quelle année eut lieu le massacre de la Saint Barthélémy ?

17 En quelle année a été prononcé lors d'un célèbre discours : « *I have a dream* » ?

18 Quel grand groupe d'électroménager la Fnac a-t-elle racheté en avril 2016 ?

19 Quel footballeur a reçu le Ballon d'or en 2020 ?

20 Quel artiste est connu pour avoir, entre autres choses, tendu de vastes toiles colorées ou emballé des monuments prestigieux ?

21 Pour quelle raison IKEA France est condamnée à 1 million d'euros d'amende en juin 2021 ?

22 A l'occasion des élections régionales de juin 2021, combien de candidats sont en lice pour le fauteuil de président de la région Ile-de-France ?

23 Quel ex-ministre socialiste et ex-commissaire européen le Président de la République Emmanuel Macron décide-t-il de nommer le 3 juin 2020 comme premier président de la Cour des comptes ?

24 Au large de quelle ville française peut-on visiter le Château d'If, rendu célèbre par le roman *Le Comte de Monte-Cristo* ?

25 De quelle nationalité W. A. Mozart était-il ?

26 Où se situe le siège de l'ONU ?

27 En 2016, quel terme est utilisé pour désigner le scénario de la sortie du Royaume-Uni de l'Union européenne ?

28 En quelle année fut abandonnée la convertibilité du dollar en or ?

29 Quelle est la capitale de l'Ethiopie ?

30 Qui reçoit en 2020 le prix Nobel de la paix ?

31 Quel était le métier de Nicolas Sarkozy avant qu'il ne devienne président de la République ?

32 Qui est l'auteur du roman *Des souris et des hommes* ?

33 Comment appelle-t-on l'outil de comptabilisation des émissions de gaz à effet de serre d'un produit ou d'une entreprise ?

34 Quelle nation a été menacée d'exclusion aux Jeux olympiques de Rio en 2016, sur suspicion de dopage ?

35 Quel est en mai 2021, le cours en euros de l'action LVMH à la Bourse de Paris ?

36 En 2019, combien de visiteurs se sont rendus à la Foire de Paris ?

37 Que change l'article 5 du projet de la loi sur l'égalité hommes-femmes par rapport à l'IVG ?

38 En terme de superficie, les Etats-Unis sont environ … fois plus grands que la France.

39 Qui a écrit *Ubu Roi* ?

40 Quel article de la constitution française permet au premier ministre d'engager la responsabilité du gouvernement devant l'Assemblée Nationale ?

41 Dans quel lieu symbolique s'est déroulé le discours consécutif à la victoire d'Emmanuel Macron le 7 mai 2017 ?

42 Qui a écrit *La Cantatrice chauve* ?

43 Pandémie du Covid-19 : quelle date marque le début du déconfinement en France ?

44 Quelle est la capitale de l'Albanie ?

45 Quel film a fait le plus d'entrées au box-office français en 2019 ?

46 Quel est le surnom de l'équipe de France de handball ?

47 En quelle année l'île de Hong Kong a-t-elle été rétrocédée à la République populaire de Chine par le Royaume-Uni ?

48 A quelle date le Conseil constitutionnel a-t-il donné un avis favorable à la loi dite du « mariage pour tous » ?

49 Dans quelle entreprise japonaise le système de Kanban visant à limiter les stocks d'une chaîne de production et à produire en flux tendu, a-t-il été mis en place pour la première fois dans les années 1950 ?

50 Que signifie le mot nomophobe, nouvel arrivé dans le *Larousse* ?

51 En quelle année le Titanic avait-il fait naufrage ?

52 Le boxeur Mohammed Ali est décédé le 3 juin 2016. Quel était son nom, avant sa conversion à l'Islam ?

53 Par qui est présentée l'émission à succès *Affaire conclue* sur France 2 ?

54 En juin 2017, quel animateur a quitté la chaîne France 2 après avoir présenté l'émission *Télématin* pendant près de trente ans ?

55 En quelle année été créé le groupe LVMH ?

56 Quel est, en 2020, le pays qui exporte le plus d'armes au monde ?

57 Qui a reçu le Fauve d'or lors du Festival de la bande dessinée d'Angoulême en 2019 ?

58 Comment s'appelle la monnaie brésilienne ?

59 Que fête-t-on le 8 mars ?

60 Comment s'appelle l'épouse du Prince Harry d'Angleterre (prince Henry, duc de Sussex) ?

61 Quelle est la capitale du Qatar ?

62 Comment s'appelle le projet d'application mobile de recherche des contacts dans le cadre de la pandémie de Covid-19 ?

63 A quel pays le territoire de Gibraltar appartient-il ?

64 Combien de films français avaient déjà reçu l'Oscar du meilleur film avant *The Artist* ?

65 Qui reçoit l'Oscar du meilleur acteur en 2021 ?

66 Le festival de la BD à Angoulême existe depuis environ combien d'années ?

67 Qui sont les zadistes ?

68 En 2021, qui remporte le tournoi de Roland Garros dans la catégorie Simple dames ?

69 En 2021, qui remporte le tournoi de Roland Garros dans la catégorie Simple messieurs ?

70 Qui est le chinois Xi Jinping ?

71 Comment appelle-t-on le fond des océans ?

72 Comment s'appelle l'association qui s'oppose aux expulsions d'enfants sans papiers dans les écoles ?

73 Quel pacte a réuni Benito Mussolini et Adolf Hitler en 1939 ?

74 Combien de personnes sont écrouées en France au 1er avril 2019 ?

75 Qui remporte la course cycliste Paris-Roubaix en 2019 ?

76 Quel est le cours en euros d'un kilo d'or en mai 2021 ?

77 Quelle est la contenance d'un magnum de champagne ?

78 Dans quelle ville décerne-t-on chaque année l'Ours d'or ?

79 Quel film adapté d'un jeu vidéo a vivement été critiqué lors de sa sortie le 21 décembre 2016 ?

80 Dans quelle ville se déroulera l'Exposition universelle de 2021-2022 ?

81 Quel est le nom du projet privé visant à envoyer des êtres humains vivre sur Mars en 2032 ?

82 Qui est l'actuel président du Venezuela ?

83 Que signifie l'acronyme RIC ?

84 Combien de pays y a-t-il en Amérique du Sud ?

85 Quelle ville française a été surnommée « La Jungle » suite à l'arrivée massive de migrants dans son port ?

86 Quel club remporte la coupe de France de football en 2021 ?

87 Quel pays a voté l'euthanasie pour les enfants atteints de maladie incurable en février 2014 ?

88 En 2021, quel âge a le Macintosh ?

89 Quelle série dont la première saison a été diffusée sur Netflix en 2018 se déroule dans la Maison royale de la Monnaie d'Espagne ?

90 Qui a été nommé Premier ministre suite à la démission de Manuel Valls en décembre 2016 ?

91 Qui a reçu l'Oscar du meilleur second rôle en 2021 ?

92 Qui a reçu l'Oscar de la meilleure actrice en 2021 ?

93 Comment s'appelle l'artiste qui représente la France à l'Eurovision 2021 ?

94 Sous quel édifice parisien se trouve la flamme du soldat inconnu ?

95 Quelle est la superficie de l'Afrique du Sud ?

96 Combien de yens environ je reçois en mai 2021 en échange de 100 euros ?

97 Quel parti espagnol remporte le plus de sièges lors des élections législatives du 28 avril 2019 ?

98 Comment se nomme la plus prestigieuse récompense remise au Festival de Berlin ?

99 Quel est le titre du livre écrit par Juan Branco qui critique les élites en France ?

100 Kurt Cobain, mort il y a plus de 20 ans, était le leader de quel groupe ?

2. Corrigés

1. Boko Haram.
2. 2 médailles d'or aux JO. Mais 8 d'or aux championnats du monde.
3. En 1889.
4. Francisco Sagasti.
5. Le Costa Rica et la Colombie.
6. Marina Foïs.
7. Il est le président de la République de Turquie.
8. *Parasite* de Bong Joon-ho.
9. La Nouvelle-Aquitaine.
10. La Tchétchénie.
11. 85 ans.
12. Michel Rocard.
13. 67 422 000 habitants.
14. Les Panama Papers.
15. L'Elitloppet.
16. En 1572.
17. C'est en 1961, à l'occasion du discours de Martin Luther King, devant le Lincoln Memorial à Washington DC.
18. Darty.
19. Aucun joueur ne s'est vu attribuer le Ballon d'or en 2020 pour cause d'année tronquée du fait de la Covid-19.
20. Christo.
21. Pour espionnage de salariés et pour recel de collecte de données à caractère personnel.
22. 11.
23. Pierre Moscovici.
24. Marseille.
25. Autrichienne.
26. A New York.
27. Le Brexit.
28. En 1971.
29. Addis-Abeba.
30. C'est le programme alimentaire mondial.
31. Avocat.
32. John Steinbeck.
33. Le bilan carbone.
34. La Russie.
35. Environ 660 euros.
36. Environ 500 000.
37. Il supprime la notion de « détresse » pour une femme demandant une IVG.
38. 15.
39. Alfred Jarry.
40. 49-3.
41. Sur l'esplanade du Louvre.
42. Eugène Ionesco.
43. 11 mai 2020.
44. Tirana.
45. Le film d'animation *Le Roi Lion*.
46. Les experts.
47. En 1997.
48. Le 17 mai 2013 qui est aussi la Journée mondiale de lutte contre l'homophobie.
49. Toyota.
50. Quelqu'un qui est très dépendant de son téléphone portable.

51 En 1912.

52 Cassius Clay.

53 Sophie Davant.

54 William Leymergie.

55 Le groupe a été créé en 1987.

56 Les États-Unis.

57 Emil Ferris pour *Moi ce que j'aime, c'est les monstres*.

58 Le réal.

59 La Journée internationale des droits des femmes.

60 Meghan Markle.

61 Doha.

62 StopCovid.

63 Le Royaume-Uni.

64 Aucun.

65 Anthony Hopkins.

66 47 ans, créée en 1974.

67 Eleveurs et militants ayant constitué un village sur la ZAD de Notre Dame des Landes.

68 Barbora Krejcikova.

69 Novak Djokovic, qui totalise après cette victoire 19 titres du grand chelem.

70 Le président de la République populaire de Chine.

71 Les abysses.

72 Réseau éducation sans frontières.

73 Le Pacte d'Acier.

74 71 828. C'est un record avec une densité carcérale qui s'établit désormais à 117,7 %.

75 Philippe Gilbert.

76 50 270 euros.

77 1 litre et demi.

78 A Berlin.

79 *Assassin's Creed.*

80 À Dubaï, aux Émirats arabes unis, du 1er octobre 2021 au 31 mars 2022.

81 Mars One.

82 Nicolas Maduro. Cependant, le pays est en pleine crise politique. Juan Gaido s'est auto-préclamé président par intérim.

83 Référendum d'initiative citoyenne.

84 12 pays.

85 Calais.

86 Paris-Saint-Germain.

87 La Belgique.

88 37 ans.

89 *La Casa de Papel.*

90 Bernard Cazeneuve.

91 Daniel Kaluuya (*Judas and the black messiah*).

92 Frances McDormand (*Nomadland*).

93 Barbara Pravi, arrivée 2e au concours.

94 L'Arc de Triomphe.

95 1,22 millions de kilomètres carrés.

96 13 337 yens.

97 Le Parti Socialiste Ouvrier Espagnol (PSOE).

98 L'Ours d'or.

99 *Crépuscule.*

100 *Nirvana.*

5 ENTRETIENS

44 Entretiens

L'exposé de culture générale

Certaines écoles vous demanderont à l'oral de débuter votre entretien par l'exposé de votre réflexion autour d'un sujet de culture générale. Vous disposerez généralement de 5 à 10 minutes pour faire votre exposé et répondre à d'éventuelles questions que le jury aura à cœur de vous poser sur un point qui aura piqué sa curiosité.

Nos 7 **conseils** pour réussir au mieux l'exposé de culture générale :

1. Commencez toujours par réfléchir avec attention à tous les termes du sujet

Pour le sujet « **Faut-il légaliser le cannabis en France ?** » par exemple :

- **Faut-il ? :** vous devez interroger tous les sens possibles et dérivés. *Pourquoi faudrait-il ? Pour qui ? Quand ? Comment ? Où ?...* Et puis n'oubliez pas qu'un « Faut-il » doit toujours vous amener à envisager le « Doit-on » (point de vue moral, politique, économique, social, sociétal) et le « Peut-on » (point de vue législatif, technique, technologique).
- **Légaliser :** que signifie légaliser ? Qui cela concerne-t-il ? (Les adultes ? Les malades ?) Quels réseaux de distribution ? (Pharmacies ? Hôpitaux ? Coffee shops ? Grande distribution ? Internet ? etc.)
- **Le :** de quel cannabis parle-t-on exactement ? Existe-t-il plusieurs types de cannabis ? Parle-t-on d'un cannabis naturel ? Synthétique ? Du cannabis produit en France ? Ou à l'étranger ?
- **Cannabis :** il existe plusieurs pistes possibles pour le mot « **cannabis** ». Parle-t-on de la culture du cannabis ? De sa commercialisation ? De sa consommation ? De son usage thérapeutique ? etc.
- **France :** le sujet concerne la France certes mais que disent et que font en la matière nos voisins européens ? Les États-Unis ? La Chine ? etc.

Comme vous le voyez, il est possible de « secouer » un sujet de façon assez simple pour en explorer un nombre important de facettes. Ceci dit, après avoir évoqué tous les sens possibles, choisissez ceux qui vous semblent les plus pertinents et qui vous permettent surtout d'abonder au mieux dans le sens votre problématique.

2. Préparez toujours un plan détaillé et rédigez uniquement votre introduction

Vous n'aurez pas le temps de tout rédiger. Concentrez-vous donc sur votre introduction : **chiffre / fait / actualité + définition des termes du sujet + problématique + annonce de plan** que vous devrez rédiger en entier. Pour le reste, un plan détaillé suffit pour vous aider à développer oralement.

3. N'avancez jamais d'arguments sans exemples

Votre raisonnement doit reposer sur des arguments, c'est entendu, mais à avancer des arguments sans les appuyer par des exemples **(citations, faits d'actualité, exemples concrets, anecdotes personnelles)** vous donnerez l'impression de faire volontairement dans le vague ou dans le flou et vous risquez d'y perdre beaucoup.

4. Soignez votre vocabulaire

Attention aux mots que vous employez : sachez faire appel à un registre soutenu lorsque vous présentez votre travail. Bannissez-en l'argot et les abréviations.

5. Structurez votre plan de façon simple

De façon générale, on considère qu'un « bon » plan comprend deux ou trois parties, chacune étant divisée en deux ou trois sous-parties.

Le choix entre deux et trois dépend de votre inclination personnelle, mais sachez respecter une symétrie : vos parties doivent être d'une taille approximativement équivalente.

Les structures les plus courantes pour un plan sont : **le classique « oui… mais… »** (en deux parties) ; **le « thèse… antithèse… synthèse… »** (en trois parties), **le plan chronologique**, et le plan thématique – ces deux derniers cas s'appliquant aussi bien aux structures en deux parties qu'à celles qui en comprennent trois.

6. Soignez votre introduction !

Si l'on peut vous pardonner d'avoir certaines phrases un peu maladroites dans votre développement, vous n'avez pas le droit à l'erreur dans le cadre de votre introduction.

C'est la « vitrine » de votre discours : si elle est décevante, votre jury risque de ne même pas prendre la peine d'écouter la suite.

7. Une règle en or

Lorsque vous passez devant un jury, le jury attend de vous que vous sachiez procéder à des **transitions de qualité** entre vos sous-parties et entre vos parties. Les jurys des Grandes Écoles y sont très sensibles.

Surtout, si vous séchez sur un sujet et que vous avez du mal à « broder », essayez de vous appliquer au niveau de vos transitions. Annoncez très clairement au jury où vous en êtes à chaque étape de votre exposé. N'hésitez pas ainsi à dire : « Je vais commencer par mon introduction », puis « Pour ce qui est de la première partie de mon développement »… « Pour ce qui est de la seconde partie de mon développement »… « Pour conclure ». Comprenez qu'il est important qu'à défaut d'avoir beaucoup de matière, vous soyez au moins capable de montrer au jury que vous êtes très structuré.

Exemples de sujets

- **Qu'est-ce qu'entreprendre ?**
- **Pour ou contre les « golden parachutes » des grands patrons ?**
- **Faut-il interdire les délocalisations ?**
- **La publicité sert-elle encore à quelque chose ?**
- **L'argent fait-il le bonheur ?**
- **Pour ou contre la méritocratie ?**
- **Le changement amène-t-il le progrès ?**
- **La femme est-elle l'avenir de l'homme en politique ?**
- **L'être et le devenir**
- **Les dangers d'Internet**
- **Croire en soi**
- **Faut-il du charisme pour être dirigeant ?**
- **Y a-t-il une éthique des affaires ?**
- **Qu'est-ce qu'un patron ?**
- **La gratuité rapporte-t-elle à l'entreprise ?**
- **L'entreprise citoyenne : une utopie ?**
- **Doit-on donner la priorité au développement durable ?**
- **Recrutement dans les entreprises : que pensez-vous de la discrimination positive ?**
- **Y a-t-il un management au féminin ?**
- **Les réseaux sociaux sur Internet**
- **La révolution est-elle un phénomène périmé ?**
- **Commentez cette formule : « La décision est souvent l'art d'être cruel à temps »**
- **La réalité peut-elle être virtuelle ?**
- **À quoi servent les utopies ?**
- **L'avenir est-il imaginable ?**
- **Les paradis fiscaux**
- **Avons-nous besoin d'un libre arbitre ?**
- **Peut-on se faire une idée de tout ?**
- **Que doit-on faire de ses rêves ?**
- **La précaution peut-elle être un principe ?**
- **La téléréalité**
- **Le rôle des marques dans notre société**

45 Entretiens

Pourquoi une école de commerce et de management ?

Cette question vous sera posée à coup sûr durant votre entretien. Voici le raisonnement que nous vous conseillons vivement de suivre.

Vous voulez être manager, n'est-ce pas ?

Et oui, si vous ne voulez pas être manager (responsable, directeur, chef d'entreprise, créateur de start-up, etc.) alors refermez ce livre ! Si vous passez des concours, c'est précisément pour devenir manager et viser à moyen / long terme des postes à responsabilité, (ex. : directeur des ventes, directeur marketing, responsable de desk, responsable achats, etc.) autrement dit, les plus hautes fonctions qu'une entreprise peut vous offrir.

OR

Pour être un bon manager, vous devrez acquérir un nombre important de savoirs, de savoir-faire et de savoir-être.

Les savoirs c'est l'ensemble des notions à connaître pour bien exercer sa fonction (cours de comptabilité, de gestion, de marketing, d'entrepreneuriat, de langues, etc.). **Les savoir-faire** regroupent beaucoup de choses : les études de cas, les cours animés par des professionnels de l'entreprise, les jeux d'entreprise, les stages en entreprise, etc. Quant aux **savoir-être**, il s'agit de tous les réflexes et de toutes les postures et qualités qui permettent d'endosser le rôle de manager et de réussir sur le long terme (sens des responsabilités, écoute, curiosité, gestion du conflit, prise de décision, empathie, prise de parole en public, charisme, confiance en soir, sens de la négociation, pouvoir de conviction). Ces savoir-être s'acquièrent dans le cadre des travaux en groupe (avec des profils, formations d'origine et nationalités différentes), des présentations orales, de la vie associative, des forums entreprises, des échanges universitaires, etc.

PAR CONSÉQUENT

Si vous voulez acquérir tous ces savoirs, savoir-faire et savoir-être en un seul et même lieu, alors vous devez passer par une Grande École de commerce et de management.

Vous êtes en effet convaincu qu'une Grande École de commerce et de management constitue de loin la meilleure antichambre, le meilleur lieu pour acquérir de façon originale et efficace de nombreux savoirs et savoir-faire mais aussi pour développer, tester et mettre à l'épreuve tous ces savoir-être qui font la différence sur le long terme et qui permettent assurément de faire de belles carrières en tant que manager.

46 Entretiens

Comment se préparer à l'entretien individuel ?

1. RÉFLEXION

– Votre projet
– Vos expériences
– Votre personnalité
– Les Écoles de commerce

↕

2. RECUEIL

– Votre projet
– Vos expériences
– Votre personnalité
– Les Écoles de commerce
– L'École
– La ville et la région

↕

3. CONSTRUCTION

– Votre projet
– Vos expériences
– Votre personnalité
– Pourquoi une École de commerce ?
– Pourquoi cette École ?

↕

4. ENTRAÎNEMENT

1. Connaître la brochure site web de l'école dans ses moindres détails

▶ Objectifs : connaître…

- Le slogan de l'école, ses valeurs, ses ambitions
- La vision du directeur
- Les programmes d'études et d'échanges
- Les possibilités offertes au niveau Master 1 et Master 2
- Quelques noms et parcours de professeurs
- Quelques noms d'associations et leurs activités
- Quelques noms d'anciens qui ont réussi

2. Rendre visite à l'école dans le cadre d'une journée portes ouvertes et d'un salon étudiant

▶ Objectifs :

- Discuter avec un responsable de l'école dont vous retiendrez le prénom et le nom
- Discuter avec des étudiants de l'école dont vous retiendrez là encore les prénoms et noms
- Poser toutes vos questions afin d'être sûr d'avoir bien compris tout ce que l'école peut vous offrir

3. S'abonner à tout ce que l'école offre en ligne

▶ Objectifs :

- Liker les pages Facebook, Twitter et autres…
- Communiquer votre adresse mail pour que l'on vous envoie des newsletters ou infos éventuelles
- S'abonner à un flux Google Actualités afin de recevoir toutes les news relatives à l'école
- Retrouver sur Facebook des anciens de l'école et leur demander comment se passe leur vie après en avoir été diplômé

47 Entretiens

Maîtriser le fond et la forme, le triangle des attentes

1. Le fond

A. Structurez vos propos

[1. Tout d'abord… (1)… (2)… Ainsi/Enfin]

Voici la base de tout propos structuré. Si l'on vous pose une question d'actualité ou une question qui appelle une réponse circonstanciée, ayez donc le réflexe de prendre 3 ou 4 secondes avant de répondre et ce, dans le but de structurer votre réponse.

« Comment vous voyez-vous dans 10 ans ? »

*« J'aimerais **tout d'abord** faire la différence entre la façon dont je me vois au niveau professionnel **(1)** et la façon dont je me vois au niveau personnel, privé **(2)**. D'un point de vue professionnel, j'espère que… D'un point de vue plus personnel, j'aimerais beaucoup… **Ainsi**, comme vous le voyez, mes objectifs personnels et professionnels ne sont pas très éloignés… »*

[2. D'un point de vue politique / économique / social / culturel / technologique / écologique / éthique…]

Il convient à l'oral de montrer au jury que votre vision des choses n'est pas linéaire et que vous êtes capable d'approcher les questions qui vous sont posées **sous des angles divers et variés.**

« Que vous a inspiré le Printemps arabe ? »

*« Je retiens avant toute chose **le rôle qu'ont joué les nouvelles technologies et les médias**… On a ainsi parlé de « révolution Facebook » ou encore de « révolution Twitter »…*

*Il me tient aussi à cœur d'aborder **la dimension sociale** du Printemps arabe et plus précisément la place que la femme occupe dans des pays comme la Tunisie ou l'Égypte… »*

[3. L'approche « Contexte / Objectifs / Moyens / Résultats / Apports »]

Lorsque vous relatez une expérience professionnelle ou extra-scolaire, il peut être bon de l'approcher sous l'angle **COMRA : Contexte, Objectifs, Moyens, Résultats, Apports.**

*« **(Contexte)** En juillet 2009, je venais d'obtenir mon baccalauréat et j'avais alors décidé de rester sur Paris et d'y passer mes vacances d'été. » **(Objectifs)** Je souhaitais avoir une première « longue » expérience en entreprise et être un salarié à part entière, un salarié qui compte dans l'entreprise. **(Moyens)** J'ai alors postulé à une offre chez McDonald's et je suis rapidement devenu équipier au McDonald's du quartier des Halles de début juillet à fin août 2009. J'étais heureux d'occuper ce poste qui exigeait beaucoup de polyvalence et qui allait me permettre de comprendre efficacement le fonctionnement d'une entreprise et surtout de bien comprendre quel serait mon rôle. **(Résultats)** Je pense qu'en 2 mois, j'ai énormément appris : préparer les commandes en cuisine, tenir une caisse ou encore veiller à la propreté du restaurant (cuisine, sanitaires, etc.) J'ai su démontrer mon efficacité en cuisine (j'ai notamment en période de rush réussi à préparer 60 Big Mac en moins de 5 minutes !) et mon manager a apprécié ma capacité à être respectueux des procédures de prise de commandes en caisse. **(Apports)** Cette expérience m'a beaucoup apporté : la rigueur, l'écoute, la ténacité et surtout un grand sens de l'humilité et du respect. Il n'y a pas de sot métier et quel que soit son niveau dans la hiérarchie, on joue toujours un rôle essentiel dans l'entreprise et on fait toujours partie d'un tout. Si mon travail est bien fait, alors les répercussions sur les autres membres de l'équipe sont bénéfiques et tout avance dans le bon sens, pour le plus grand bonheur des clients. »*

B. Attention aux derniers mots prononcés

Faites très attention aux derniers mots que vous prononcez lorsque vous terminez une phrase. L'expérience montre en effet que le jury rebondit dans 9 cas sur 10 sur les 2 ou 3 derniers mots qui concluent votre propos.

Ainsi par exemple, en terminant votre propos par *« ... d'ailleurs, si j'intègre votre école, je souhaiterais vivement effectuer **un échange universitaire au Brésil.** »*, et bien il y a toutes les chances que votre jury vous invite à détailler plus avant votre intérêt pour les échanges universitaires et surtout votre intérêt pour le Brésil.

Cette technique est redoutable car elle vous permet d'une certaine façon de « manipuler » votre jury de façon intelligente. Il vous suffit en effet de « placer » en fin de phrase un dossier que vous maîtrisez parfaitement et il y a alors toutes les chances que le jury souhaite en savoir plus. Et sans s'en rendre compte, le jury vous pose des questions dont vous connaissez déjà les réponses !

Notez bien que si vous souhaitez que cette technique fonctionne alors vous devrez absolument en garder sous le coude. Vous devrez ainsi ne pas hésiter à terminer votre phrase par un élément que vous n'avez pas encore développé et convoquer une pause de quelques secondes, pause dont le but est d'inviter bien sûr le jury à vous poser la question que vous attendez !

Il va sans dire que cette technique doit être utilisée avec parcimonie, sinon elle risquerait de perdre toute son efficacité… Les jurys ne sont jamais dupes.

C. Désamorcez les questions difficiles et délicates

Ne partez pas de l'idée que vous pourrez anticiper toutes les questions, vous n'y parviendrez pas. Si certaines questions sont attendues, d'autres, découlant souvent de vos expériences ou ce que le jury perçoit de vous, sont plus difficilement sujettes à anticipation.

Il vous faut donc pour partie vous préparer… à ne pas être prêt, à être surpris, désarçonné sans doute, par une question imprévue. Pour autant, il est possible, dans une certaine mesure, de se préparer à être surpris.

Pour ce faire, trois méthodes principales :

1. **Faites une pause** avant de commencer à répondre. Cette technique présente plusieurs avantages, et notamment celui de vous permettre de réfléchir quelques secondes à ce que vous allez répondre.
2. **Reformulez la question**. Vous vous donnez en effet du temps et avez de surcroît la possibilité, dans votre reformulation, de réorienter la question dans un sens vous convenant mieux.
3. **L'humour**. À condition de ne pas en abuser, l'humour constitue une efficace façon de répondre… sans toujours répondre.

2. La forme

[1. Votre ton et votre débit]

Travailler votre ton signifie que vous devez être capable, comme un acteur suivant les textes qu'il joue, de faire varier votre ton suivant les circonstances, les publics (selon que vous vous adressez à un professionnel, un étudiant en dernière année ou un professeur) et les moments.

Pour ce qui est de votre débit :

Plus un orateur parle vite, moins son auditoire retient ce qu'il dit.

N'oubliez pas, par ailleurs, que certains membres de jurys prennent des notes durant votre entretien… si vous leur en laissez le temps ! Vous devez donc absolument surveiller votre débit.

[2. Votre élocution]

Les jurys sont unanimes à constater, et à déplorer, que nombreux sont les étudiants parlant non seulement très vite mais, par voie de conséquence, mangeant également leurs mots. N'en faites pas partie.

[3. Votre intonation]

L'intonation donne de la vie à votre propos et vous permet surtout de faire comprendre et partager à votre auditoire les termes et mots les plus importants et les plus significatifs pour vous.

Marquer votre intonation signifie que vous allez distinguer, dans votre propos, certains mots ou expressions et les accentuer pour partager avec votre auditoire l'importance que vous leur accordez.

Vous les accentuerez de plusieurs façons. Tout d'abord, vous les prononcerez plus fort, afin de les faire ressortir, jaillir en quelque sorte du reste de votre phrase. Vous pouvez également, dans certains cas, user d'une technique mise en œuvre par certains orateurs et consistant à laisser un petit silence avant et après le mot, et ce dans le but de le faire mieux ressortir des mots l'entourant.

[4. Votre posture générale]

Votre corps parle. Votre démarche parle. Votre poignée de mains parle. La façon dont vous êtes assis parle. Vos mouvements et vos gestes sont autant de mots. Quand vous vous taisez, vous parlez quand même ou, plus exactement, votre corps parle pour vous.

Vous devez donc veiller à ce langage de votre corps que, consciemment ou pas, certains membres de jury décoderont et traduiront. Avant même que votre entretien ne commence, vous avez en fait déjà commencé. En entrant dans la salle, en montrant votre corps en mouvement aux membres de votre jury, vous communiquez déjà envers et avec eux.

Attention à vos jambes ! Ne les remuez pas. Vos mains ! Ne les croisez pas. Posez-les simplement sur la table.

[5. Votre regard]

Vous devez impérativement regarder les jurys droit dans les yeux bien en face, sans baisser les yeux.

Si c'est vraiment très difficile pour vous de tenir le regard alors visez de temps à autre la partie basse du front… Si vous êtes à quelques mètres du jury alors il n'y a aucun risque pour qu'il s'en rende compte.

[6. Vos sourires]

Vos sourires doivent rythmer votre échange, en marquer et en accentuer les moments importants. Bien entendu, souriez toujours en tout début d'entretien ainsi qu'à la toute fin, cela va sans dire. Souriez également lorsque vous abordez des expériences heureuses de votre vie. **Souriez enfin pour exprimer vos doutes ou votre scepticisme.**

Une chose est sûre en tous cas : mieux vaut sourire trop que pas assez !

[7. Vos silences / vos pauses]

La première famille de silences dont vous devez savoir user sont les silences que vous allez faire **avant de répondre**.

Suite à certaines questions en effet, vous devez prendre un temps, une pause, donc faire silence, avant de vous lancer et de répondre. Sans qu'il soit question de procéder ainsi de façon systématique, vous ne devez pas hésiter à le faire.

Ce silence, d'une durée de quelques secondes, précédant votre réponse remplit en effet plusieurs fonctions importantes. Tout d'abord, il vous permet de réfléchir rapidement et d'ordonner votre réponse. Prenons un exemple. La question qui vous est posée porte sur ce que vous avez appris lors de telle ou telle expérience, un stage par exemple. Les quelques secondes que vous allez vous accorder vous permettront de rassembler les éléments de votre réponse et de la structurer. Vous commencerez ensuite à répondre : « au fond, si je fais le bilan, trois choses essentielles… ».

Souvenez-vous que les jurys n'apprécient que modérément les candidats trop préparés. La seconde raison d'être de votre silence réside en le fait que vous donnerez ainsi l'impression de ne pas avoir trop préparé, donc de rassembler vos idées suite à la question.

Dernière fonction de votre silence introductif : vous flattez votre interlocuteur en lui faisant comprendre que vous considérez sa question comme importante, donc justifiant un temps de réflexion avant d'y répondre.

La seconde famille de silences est constituée de **silences internes à vos réponses,** donc contenus en elles.

Il s'agira des silences que vous observerez avant et/ou après un mot, une expression, un chiffre important. Afin de les faire mieux ressortir, vous devez encadrer vos éléments clés par deux silences d'une seconde, afin de laisser le jury se pénétrer tout à la fois de ce que vous venez de dire et du fait que les silences que vous avez observé signifiaient l'importance que vous lui accordiez.

[8. Votre tenue]

Pour une fois, le mieux n'est pas l'ennemi du bien. Comme vous le savez, les jurys d'admission apprécient que les étudiants se présentant à eux se vêtent « façon cadre ». En d'autres termes, vous n'avez pas le choix, et surtout pas le choix de prendre des risques inutiles.

Si le costume ou le tailleur, suivant votre sexe, semble donc préférable, vous devez prendre une précaution supplémentaire.

Le port de vêtements inhabituels participera à votre prise de conscience des enjeux, mais également du stress en découlant. Vous devez donc impérativement veiller à ne pas en rajouter. Pour ce faire, vous devez vous sentir bien dans vos vêtements et vos chaussures. **Soyez donc attentif à ne pas porter de vêtements un peu justes ou trop neufs, ils vous handicaperaient dans vos mouvements et votre expression, donc dans votre bien-être.**

3. Le triangle des attentes vous aide à bien gérer vos enchaînements

Le triangle des attentes

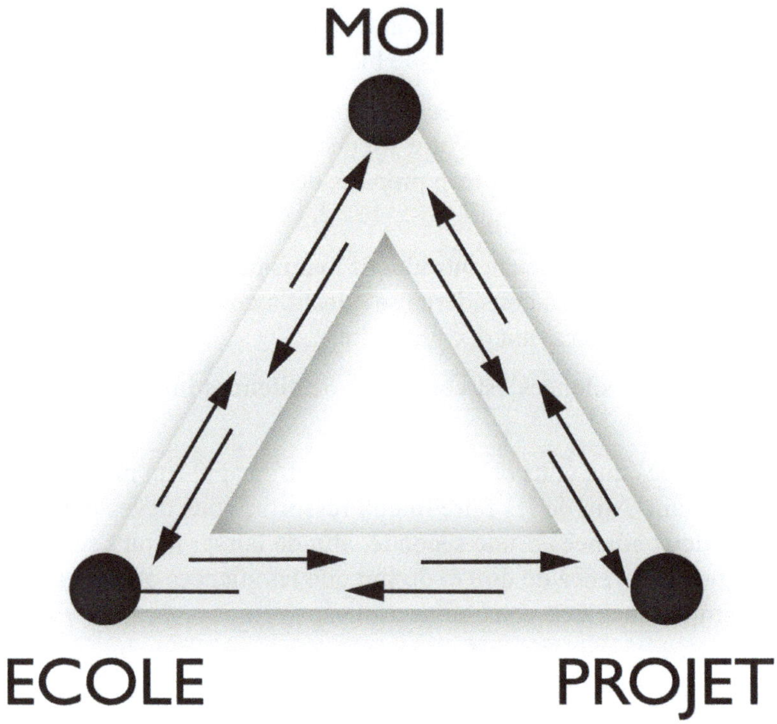

Ce triangle synthétise **les différents grands champs d'attente des jurys d'entretien.** Chacune des trois pointes correspond à une attente majeure, le cœur des attentes des jurys se situant dans les interrelations entre les pointes.

4. Les jurys attendent que vous vous connaissiez bien

Cette connaissance de vous-même doit vous amener, non seulement à cerner vos qualités, vos défauts et vos caractéristiques, mais également à savoir aller chercher, dans vos expériences, ce qui explique et justifie votre projet.

Ce point est en effet essentiel. **Le propos n'est donc pas tant que vous vous connaissiez, mais plutôt que vous alliez chercher en vous tout ce qui – traits de personnalité et expériences – vient nourrir et expliquer votre projet.**

Votre projet vous est, en soi, naturellement connu. Mais les très bons candidats vont plus loin et établissent un lien logique (symbolisé par la flèche à double sens sur le côté droit du triangle) entre leur projet et eux-mêmes, cherchant à convaincre du fait que ce projet est leur parce qu'ils sont comme ils sont. La recherche de cette harmonie est importante, en ce sens qu'elle vous permettra par exemple d'effectuer des enchaînements logiques entre vos expériences et votre projet, le cas échant avant même que le jury vous questionne sur la nature de votre projet.

À l'identique, votre projet requiert, pour son aboutissement, votre entrée dans l'école à laquelle vous postulez. C'est pourquoi, au sein des connaissances et informations que vous avez recueillies sur votre future école, vous devez sélectionner et conserver celles qui vont dans le sens de votre projet et qui justifient que vous frappiez à la porte de cette école et pas d'une autre. Parallèlement, l'école, par ses spécificités, viendra nourrir et affiner votre projet, d'où, de nouveau, la flèche à double sens sous le triangle.

Enfin, dernier point, les relations entre l'école et vous. Là aussi, vous devez plus raisonner en termes de liens que de juxtapositions. En d'autres termes, vous devez établir un lien entre vos qualités, goûts et aptitudes et votre future école. Si les étudiants savent souvent répondre à la question de savoir ce que leur future école va leur apporter, ils ne réfléchissent souvent pas assez à l'autre dimension : ce qu'ils vont pouvoir apporter à leur école.

Le jury considère, à juste titre, que votre intégration se traduira par un échange. Certes, votre future école vous apportera la connaissance de l'entreprise et de ses rouages, les moyens d'affiner votre projet professionnel et une ouverture sur le monde (stages, échanges). Mais la question inverse présente, pour votre jury, un grand intérêt : vous, qu'allez-vous pouvoir apporter ? Vous allez en effet, de par vos expériences ou vos centres d'intérêt, jouer un rôle dans votre future école et le jury ne demande pas mieux que vous entendre évoquer concrètement cette future immersion.

48 Entretiens

Les 4P

Les 4P constituent les premiers mots, les premières phrases de votre présentation. Vous devez les travailler avec beaucoup de sérieux. **Un bon candidat consacre généralement entre 5 et 6 heures de travail sur ses 4P afin de choisir les bons mots, les bons exemples, les bons arguments et surtout afin de les répéter jusqu'à les connaître par cœur !**

En général, vos 4P durent **entre 3 minutes 30 et 4 minutes 30**. Idéalement, essayez de ne pas dépasser 4 minutes. Sachez que le jury pourra vous couper en plein milieu de votre présentation. Ce n'est pas bien grave (au contraire même). N'oubliez pas, si l'on vous coupe, de revenir à un moment ou à un autre de l'entretien sur le ou les P que vous n'aurez pas eu le temps d'aborder durant votre présentation. Car en plus de constituer le corps de votre présentation, les 4P contiennent les « grosses cartouches » de votre entretien, celles qui vous feront marquer beaucoup de points. Alors hors de question de sortir de la salle d'entretien sans avoir aborder d'une façon ou d'une autre l'ensemble de vos 4P.

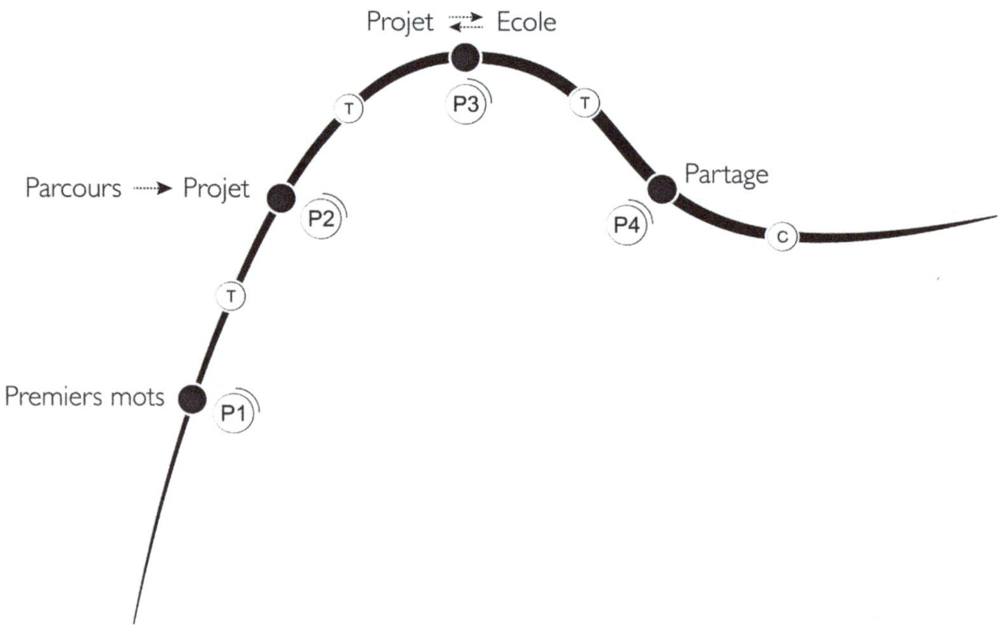

Emmanuel Dufour	
Âge	17 ans
Admission	Post Bac
École cible	XXX

P1 « Bonjour, je suis Emmanuel Dufour, j'ai 17 ans. Je suis né à Boulogne-Billancourt mais je vis actuellement à Paris où je suis mes études. Je tiens tout d'abord à vous remercier pour cet entretien au cours duquel je vous ferai part de mes motivations pour intégrer votre école, XXX. »

T **« J'aimerais, dans un premier temps, vous parler de mon parcours scolaire puis de mon projet professionnel. »**

P2 « Pour ce qui est de mon parcours scolaire, je suis actuellement au Lycée Lamartine à Paris en section Économique et Sociale spécialité SES. Je me suis beaucoup intéressé cette année à l'anglais et aux SES, en particulier aux chapitres relatifs à la sociologie. Je me suis également fait plusieurs amis avec qui je passe du temps en dehors des cours pour faire du sport ou écouter de la musique.

Si je suis devant vous aujourd'hui c'est parce que j'ai un Projet Professionnel ambitieux. Je souhaite en effet rejoindre à long terme la direction marketing d'un grand groupe hôtelier tel que le Groupe français Accor ou le Groupe américain Starwood.

Je suis conscient que pour atteindre un tel niveau de responsabilités, il me faudra être patient et réussir à gravir les échelons les uns après les autres en commençant par faire des stages bien sûr puis en passant une fois diplômé par des postes de chef de produit, puis de chef de groupe, en France ou à l'étranger.

Surtout, je sais que ces postes que je vise demandent beaucoup de polyvalence. J'ai donc besoin de développer des connaissances et compétences précises non seulement en marketing, mais aussi dans tous les domaines de la gestion. Mais je sais aussi que je dois acquérir des réflexes et des qualités propres au manager. »

T **« J'aimerais à présent vous dire pourquoi je souhaite rejoindre votre école. »**

P3 « Si je souhaite intégrer XXX, c'est parce que je suis convaincu que c'est votre école qui me permettra de concrétiser au mieux mon projet professionnel et que c'est aussi votre école qui contribuera à mon épanouissement personnel. »

Apportez ensuite deux ou trois arguments clés qui justifient le choix de l'école (choisissez des arguments très spécifiques à l'école).

T **« Pour terminer, il me semble essentiel de vous expliquer pourquoi mon choix se porte aujourd'hui sur votre école en particulier. Si votre école peut m'aider de façon significative à atteindre des objectifs professionnels, je pense aussi que je peux apporter en échange une contribution significative à la vie de l'école… »**

P4 « Comme je vous le disais, je pense que votre école peut beaucoup m'apporter d'un point de vue personnel (tissu associatif, les amitiés que je vais tisser avec mes futurs camarades)… Mais je pense surtout qu'il est de mon devoir d'apporter ma contribution à la vie de l'école. »

Mentionnez ensuite deux hobbies clés + deux associations qui justifient le choix de l'école.

C « Voilà. J'en ai terminé avec ma présentation. Souhaitez-vous que je revienne sur un point particulier ? »

49 Entretiens

18 questions incontournables

1 Racontez-nous une expérience dans le cadre de laquelle vous avez eu à faire preuve d'initiative. Parlez-nous d'une expérience où vous avez démontré votre potentiel d'entrepreneur / de leader.

Cette prise d'initiative n'a pas besoin d'être gigantesque ! Même modeste, elle sera de nature à convaincre votre jury de votre aptitude en la matière. L'important ne réside donc pas tant en l'expérience ayant servi de cadre à votre prise d'initiative qu'en votre capacité à en rendre compte de façon concise et structurée.

Quelle que soit l'expérience que vous allez choisir et évoquer, vous devez vous efforcer de situer, en quelques phrases, le contexte ayant présidé à votre prise d'initiative. Puis vous devez clairement expliquer ce en quoi votre action a consisté et ce en quoi elle a représenté une prise d'initiative.

Ne vous arrêtez pas, si vous le pouvez à la seule exposition de votre prise d'initiative. Votre jury appréciera que vous soyez capable d'aller plus loin et d'effectuer le bilan de votre action, donc que vous soyez apte à en tirer leçons et enseignements. Votre initiative a-t-elle été bien reçue ? Quelles difficultés avez-vous rencontré ? Referiez-vous les choses à l'identique ?

En effet, personne ne vous demande d'être infaillible. Vous avez donc absolument le droit de considérer que vous vous y êtes pas très bien pris ou que, si c'était à refaire, vous vous y prendrez, sur tel ou tel plan, autrement.

Votre jury appréciera en tout cas que vous soyez capable de prendre de la distance vis-à-vis de vos propres actions et expériences et que vous en tiriez des enseignements pour progresser. Sans tomber dans l'autocritique à tout crin, n'hésitez donc pas à vous remettre en cause.

2 Racontez-nous votre plus cuisant échec.

Si une telle question vous est posée, vous devez vous demander pourquoi. La réponse résidera souvent en l'impression de trop grande confiance en vous-même que vous avez donné. Si le jury ressent le besoin de vous entendre vous exprimer sur un échec, c'est qu'il a jusqu'alors éprouvé la sensation que vous n'en aviez pas connu beaucoup…

Vous devez donc impérativement rectifier le tir et montrer que vous avez compris pourquoi la question vous était posée, sauf à courir le risque d'être définitivement perçu comme trop parfait…

En second lieu, une question de ce type n'a évidemment pas vocation à vous permettre de tomber dans l'autocritique définitive, mais à apprécier la façon dont vous avez vécu votre échec et dont vous l'avez dépassé. Au fond, la véritable question est celle-ci : qu'avez-vous fait et comment vous y êtes-vous pris pour aller au-delà de votre échec ?

L'enjeu de votre réponse ne réside donc pas tant en l'évocation de l'échec lui-même qu'en votre capacité à le disséquer et le comprendre, ainsi qu'à évoquer les mesures que vous avez su prendre pour le dépasser.

Prenons un exemple. Admettons que vous vous soyez déjà présenté au concours d'entrée à l'école à laquelle vous postulez et ayez été recalé. Vous pouvez tout à fait considérer, si tel est votre cas, qu'il s'agit là de l'échec dont vous allez entretenir votre jury.

Vous devez alors expliquer brièvement que vous avez échoué l'année précédente et ne pas hésiter à préciser que cet échec vous a beaucoup affecté. Vous poursuivez alors en expliquant que vous avez, après une phase de déception, cherché à comprendre les erreurs que vous aviez commises. Suivant les cas, vous évoquerez la mauvaise gestion du temps ou le manque de méthode dans le cas des épreuves écrites, une insuffisante préparation ou une faible maîtrise de l'anglais dans le cas des épreuves orales.

Vous poursuivez ensuite en précisant les mesures que vous avez prises, suite à votre diagnostic, pour pallier vos manques et concluez en considérant que les échecs admis, analysées et compris rendent plus fort et permettent en définitive la réussite…

De nouveau, ce n'est pas tant votre échec en soi qui importera au jury que la description de ce que vous avez ressenti et de la façon dont vous vous y êtes pris pour le surmonter.

3 Pourquoi notre école ?

Cette question n'est pas bien difficile. Revoyez la fiche « Pourquoi une école de commerce ? », reprenez le même raisonnement et illustrez bien sûr vos propos à l'aide d'arguments spécifiques à l'école que vous présentez.

4 Si vous êtes admis dans notre école et une autre (moins bien classée / mieux classée), laquelle choisissez-vous ?

Cette question délicate peut trouver son origine dans les doutes qu'éprouve le jury quant à votre motivation. En d'autres termes, parce qu'il ne vous sent pas très motivé ou très proche de son école, un jury se demandera pourquoi. Dans ce cadre, il cherchera à mesurer votre motivation en vous projetant dans une perspective de choix entre son école et une autre.

La question est délicate parce que vous contraignant, même si vous ne le pensez pas vraiment, à répondre comme le jury l'attend. Les écoles de commerce sont, vous devez le conserver en tête, en concurrence entre elles et apprécient peu les candidats admis et optant pour une autre école que la leur.

Partant, vous n'avez, au stade de l'oral, pas le choix. Vous devez forcément, sauf à vous « griller », déclarer votre préférence pour l'école dont le jury en face de vous garde l'entrée et argumenter en sa faveur. Vous ne savez d'ailleurs pas, à ce stade, si vous serez admis en plusieurs établissements ou pas. Votre présence face à ce jury vous impose de faire le maximum pour intégrer son école, donc de considérer que cette dernière est votre préférée.

Sans nier les qualités des autres écoles et tout en montrant que vous les connaissez également bien, vous devez donc bâtir votre réponse en faisant ressortir les atouts et différences de celle face à laquelle vous vous trouvez. Dans le cas inverse, soyez conscient que vous réduisez vos chances d'intégration, ce qui, du point de vue du jury, est logique : il a en effet pour fonction de mesurer et d'apprécier la motivation des candidats se présentant à lui. Si vous émettez une préférence pour une autre école, il est probable qu'il considérera votre motivation pour sa propre école comme insuffisante.

Par voie de conséquence, face au jury d'une école donnée, soyez sans hésitation : l'école vous correspondant est la sienne, sans ambiguïté, et vous devez l'en persuader en multipliant les arguments (cours, enseignants, valeurs de l'école, associations d'étudiants vous convenant, dynamisme de la région…).

5 Qu'imaginez-vous vivre dans notre école ? Faites-nous vivre une de vos premières journées au sein de notre école (en admettant que vous soyez admis bien sûr).

Cette question n'est pas une question simple. Certes, vous pouvez demeurer générique dans votre réponse, et évoquer « de riches moments d'échange », « des moments humains de qualité », « l'aboutissement de projets multiples »… Mais une réponse de ce type demeurera vague et applicable à toutes les écoles. Vous devez faire mieux.

Une bonne réponse passe par la connaissance intime de votre future école et ses particularités, en termes d'ambiance, de mode de travail en groupe, d'activités festives et collectives. Vous devez en effet comprendre le terme « vivre » au sens fort et plein, comme s'agissant au fond d'une expérience et produire une réponse étroitement liée à l'école et ses spécificités.

De nouveau, l'immersion à laquelle vous vous serez adonné facilitera la production d'une réponse adéquate et distinctive.

6 Que comptez-vous apporter à notre école ? Que comptez-vous apporter de plus que les autres à notre école ? En quoi êtes-vous différent/meilleur que les autres candidats ?

Cette question pourra vous être posée si vous donnez l'impression de penser un peu trop à vous et n'avez pas songé, de vous-même, à évoquer ce que vous étiez à même d'apporter à votre future école. S'il demeure évident que le rapport des apports est déséquilibré et que vous retirerez plus de l'école que vous ne lui apporterez, il importe néanmoins que vous vous placiez dans la perspective d'un échange et ne demeuriez pas égoïste.

Si vous avez travaillé votre « triangle », cette question ne vous désarçonnera pas. Vous devrez en tout état de cause éviter les réponses bateau, du type « mon enthousiasme », « mon dynamisme », « mon envie ». Un peu creuses, ces réponses sont de surcroît appelées à être produites par bon nombre de candidats.

Même si cela n'empêche nullement l'enthousiasme, vous devez donc être plus précis. Ce que vous vous proposez d'apporter à votre future école résidera en vos expériences, vos aptitudes et leurs particularités. Que ces dernières s'inscrivent dans le champ professionnel, culturel ou des loisirs, vous devez les évoquer et expliquer que vous entendez les mettre au service des autres.

Une bonne réponse à cette question passe par la parfaite connaissance préalable du tissu associatif de votre future école. Vos apports résideront en effet de la rencontre, de ce tissu et de vos spécificités. En d'autres termes, vous avez l'intention de vous immerger en une ou plusieurs associations, existantes ou à créer, en fonction de vos expériences. Que vous maîtrisiez les échecs, pratiquiez le théâtre amateur, ayez vécu une expérience humanitaire au Mali, adoriez le cinéma de science-fiction, possédiez un bon niveau en voile ou en tennis, soyez dirigeant d'association ou chantiez dans une chorale importe peu au fond.

7 Que faites-vous si votre candidature n'est pas retenue ? Avez-vous un plan B ?

Il s'agit là d'une question délicate. En effet, répondre par la positive revient à dire que vous n'êtes pas certain d'intégrer l'école de votre choix, répondre par la négative consiste à permettre à votre jury de comprendre que vous êtes quelque peu imprévoyant. Cette question consiste au fond à vous demander si vous avez envisagé l'échec.

Votre réponse doit être structurée en plusieurs temps.

Dans un premier temps, vous devez réaffirmer avec conviction et sans ambiguïté l'intérêt que vous portez à l'école en face du jury de laquelle vous vous trouvez. Naturellement, cette réaffirmation de votre intérêt s'accompagne de l'évocation des principales raisons justifiant ce dernier. Vous profitez donc d'une question envisageant votre échec pour évoquer de nouveau votre motivation, donc visant à réduire encore les possibilités d'un tel échec.

Pour autant, vous devez répondre à la question qui vous est posée. À ce stade, votre réponse doit être claire. Votre jury s'attend à ce que le futur dirigeant d'entreprise ou d'activité que vous êtes montre qu'il possède les qualités détenues à ce niveau de poste. Une des qualités des dirigeants réside en leur aptitude à « avoir un coup d'avance », donc, en d'autres termes, à savoir anticiper.

Par voie de conséquence, vous répondrez donc, dans un second temps, positivement à la question. Parce que vous avez l'étoffe d'un dirigeant, vous avez donc le sens de l'anticipation et avez donc prévu que vous pourriez échouer. Vous avez donc naturellement assuré vos arrières et les évoquez, mais brièvement.

Idéalement, vos « arrières » ne peuvent consister en une autre école de commerce dans laquelle vous seriez admis, mais plutôt en une année universitaire ou l'évocation de stages, logiquement appelés à être effectués dans la perspective de l'affermissement de votre projet professionnel.

Naturellement, vous concluez en précisant que vous êtes quelqu'un de positif, donc que vous ne voulez pas envisager le pire pour l'instant.

8 Quel est votre projet professionnel ?

Cette question est, sous une forme ou une autre, inévitable. L'objectif d'une école de commerce n'est pas de « fabriquer » des diplômés, mais de fournir au marché du travail et aux entreprises les « produits » en adéquation avec leurs besoins.

En toute logique, vous avez donc une idée de projet professionnel, découlant ou illustrée par des expériences et dont la concrétisation passe par le suivi de l'enseignement dispensé dans l'école à laquelle vous aspirez. Et c'est parce que vous avez ce projet que vous avez constaté que son accomplissement passait par l'école à laquelle vous aspirez. **L'école et son diplôme ne sont en effet pas des fins en soi.**

Il demeure évident que les attentes des jurys vont de pair avec le niveau d'expérience et d'études des candidats. Par voie de conséquence, les étudiants issus de classes préparatoires et, *a fortiori*, ceux visant à intégrer une école en admission parallèle sont tenus d'avoir un projet professionnel.

Un projet professionnel se décompose en deux dimensions, voire trois, que sont le poste, le secteur et, le cas échéant, le pays ou la région du monde. De ce point de vue donc, un projet professionnel ne saurait se résumer à « l'envie de travailler à l'international », trop imprécise. À l'identique, « dans le marketing » peut gagner en précision, en évoquant par exemple le poste de chef de produit.

Votre réponse à cette question doit être concise : *« parce que le marketing m'intéresse et m'attire et que le secteur de la téléphonie est porteur et innovant, j'aspire à devenir chef de produit dans la téléphonie »*. Comme vous l'imaginez, cette question sera suivie de plusieurs autres, touchant au secteur et au poste et visant à s'assurer que vous savez de quoi vous parlez, donc que votre projet a une réelle consistance.

Entendons-nous cependant. Vous aurez bien le droit, durant vos études, de changer d'avis ! Rassurez-vous : personne n'ira vérifier que votre projet a évolué ou que vous en avez changé !

9 Et dans cinq ans, que vous voyez-vous faire ? Et dans dix ans ? Et dans vingt ans ?

Il s'agit là d'une question délicate, à laquelle les membres du jury auraient été bien en peine de répondre à votre âge… Ceci dit, si elle vous est posée, vous allez devoir y répondre.

La première précaution à prendre consiste à ne pas aborder la seule dimension professionnelle. Votre jury sera sensible à ce que vous évoquiez également votre vie personnelle, associative, sportive, donc que vous donniez l'impression d'un candidat équilibré et multipolaire.

La deuxième précaution doit vous amener à vous projeter de façon tout à la fois logique et ascendante.

Votre jury s'attend, de façon sans doute un peu conservatrice, à ce que vous soyez logique dans votre trajectoire. En d'autres termes, vous ne pouvez que difficilement évoquer une perspective à cinq (ou dix) ans déconnectée de vos futures études et de l'école à laquelle vous aspirez. Si vous avez présenté un projet professionnel tournant autour de la négociation internationale, votre jury ne s'attend pas à ce que vous vous voyez en apiculteur cinq ans après votre diplôme… Logiquement, il s'attend à ce que vous vous voyez évoluer dans le commerce international. Sans doute serez-vous animateur de radio, directeur de cirque ou maire de votre commune… mais n'oubliez pas que vous devez convaincre votre jury de vous faire confiance. Cette confiance naîtra d'autant plus aisément que votre projection présentera une cohérence par rapport à votre projet professionnel et à vos futures études.

En second lieu, votre jury s'attend à ce que vous soyez ambitieux. Même si être ambitieux ne signifie pas forcément être carriériste, vous devez faire preuve d'une certaine conscience de votre valeur. Vous devez donc, à cinq et *a fortiori* dix ans, vous projeter dans une fonction et à un niveau de manager ce à quoi votre future école entend d'ailleurs vous former.

Si nous prenons l'exemple du marketing, vous pouvez donc répondre que vous vous voyez chef de groupe marketing dans une grande structure ou directeur marketing dans une organisation de taille moindre. Vous convaincrez ainsi votre jury de votre volonté d'ancrage dans votre filière et lui montrerez que vous connaissez les différents échelons hiérarchiques de celle-ci…

10 Pourquoi vous intéressez-vous à… ?

La question ci-dessus présuppose que vous vous intéressez à quelque chose… Il est évidemment nettement préférable que ce soit le cas, sauf à courir le risque de passer, aux yeux de votre jury, pour une personne sans relief et sans grande particularité.

Que vous vous intéressiez à la politique, à la botanique, au micro crédit, au sport, à la peinture impressionniste, aux poupées anciennes ou au théâtre d'avant-garde ou à quoi que ce soit d'autre importera en définitive moins que votre capacité à faire partager vos passions.

Là aussi, deux ou trois arguments précis suffiront, dès lors que vous les illustrez de façon concrète. L'attente des jurys consiste en effet plus à vous entendre expliquer les pourquoi de vos passions.

Dans cette optique, tentez d'éviter les lieux communs en vous demandant pourquoi, au fond, les passions qui sont les vôtres sont les vôtres.

10 Quel fait d'actualité vous a marqué récemment ? Quel fait d'actualité récent n'a pas eu selon vous l'écho qu'il aurait dû avoir ?

Souvenez-vous des attentes des jurys. Ils attendent de vous que vous soyez un « honnête homme », donc, entre autres, école de commerce et de management oblige, que vous soyez au courant de l'actualité, et notamment de l'actualité économique et des entreprises.

Vous suivez donc l'actualité avec attention dans tous les registres. La question qui vous est posée, destinée à cerner vos centres d'intérêt, peut vous permettre d'exprimer un point de vue personnel sur un sujet, traité ou maltraité, par l'actualité. Ne vous sentez pas contraint d'évoquer la dernière augmentation de capital d'une grande entreprise ou une récente intervention de la Présidente du Medef. Vous pouvez en effet profiter de la question pour aborder un thème vous important plus, touchant par exemple au management responsable ou au développement durable.

Parce que vous avez en permanence en tête le triangle des attentes du jury, vous pouvez néanmoins, sans trop en faire, chercher un fait qui vous permette d'établir un lien avec vos futures études, et/ou les valeurs de l'école à laquelle vous aspirez.

Vous pouvez même choisir de répondre en deux temps, en choisissant deux événements. Le premier peut par exemple avoir trait à votre future école et concerner un succès récemment obtenu par elle, le second ayant une portée plus large, plus sociétale, mais que vous pouvez lui rattacher.

12 Comment les autres vous perçoivent-ils ? Comment votre meilleur(e) ami(e) vous décrit-elle ? Quelle empreinte laissez-vous quand vous rencontrez quelqu'un pour la première fois ? Quelle empreinte laissez-vous quand vous quittez un lieu ?

Si vous avez réellement préparé votre entretien donc suivi nos préconisations, cette question délicate ne doit pas vous poser de difficultés particulières.

Pour autant, votre réponse doit être entourée des prises de précaution suivantes. La première d'entre elles consiste à s'appuyer explicitement sur les autres, ceux dont vous avez recueilli les impressions et la perception. Dans ce cadre, évitez de faire référence à des personnes trop proches de vous, dont l'objectivité pourrait être mise en doute, et évoquez préférentiellement un enseignant, un entraîneur, un directeur d'association, personnes de nature à vous évoquer en termes plus neutres.

Deuxième précaution : soyez franc. Ne vous inventez pas des qualités que votre jury pourrait ne pas percevoir. Si vous vous savez un peu réservé ou timide, ne prétendez pas que les autres vous trouvent extraverti et communicatif. Votre jury sera en effet sensible à la cohérence se dégageant de la perception que des tiers ont eu de vous et de celle qu'il a lui-même.

Pour autant, ne vous flagellez pas. Évoquez plutôt quelques qualités, en vous centrant sur des qualités reconnues comme nécessaires ou utiles dans un cadre professionnel et attendez une question sur vos défauts ou vos limites pour les évoquer.

Partant de là, votre réponse peut prendre la forme suivante : « *Je sais que nous n'existons que dans le regard des autres. J'ai donc demandé à plusieurs personnes autour de moi comment elles me percevaient. Un enseignant et mon entraîneur de tennis de table m'ont répondu qu'ils me percevaient comme quelqu'un de combatif, d'ouvert et de souple. Selon eux, j'ai démontré ma combativité lorsque...* ».

13 Quelle attitude adoptez-vous en cas de conflit dans un groupe ?

Même si les réponses sont libres, il est des questions dont il est permis de se dire que les jurys attendent préférentiellement une réponse donnée.

Vous êtes un dirigeant en puissance et considéré comme tel. Vous devez donc posséder certains des réflexes de vos futures fonctions. Vous vivrez forcément, dans votre future organisation, des conflits entre individus et serez contraint d'intervenir.

Au fond, la question vous est posée afin de déceler en vous des aptitudes à la prise de hauteur, à la conciliation et la prise de décision.

Première mesure à prendre : vous devez donc intervenir. Vous ne pouvez en effet pas laisser le conflit s'accroître ou dégénérer et avez vocation à séparer les combattants.

Dans un deuxième temps, vous devez chercher à connaître les thèses en présence et comprendre le point nodal du conflit.

Puis vous chercherez, sur la base des positions exprimées par les protagonistes et les informations complémentaires que vous vous serez procurées, vous chercherez à les rapprocher et, le cas échéant, arbitrerez entre les positions, en prenant la précaution d'expliquer pourquoi vous adoptez la position que vous adoptez.

14 Quel est le dernier livre que vous avez lu ? Quel est le dernier film que vous avez vu ? Quelle est la dernière pièce que vous avez vue ? Quelle est la dernière exposition à laquelle vous vous êtes rendu ?

Sauf si vous ne lisez jamais et n'allez jamais au cinéma, cette question n'est pas une question piège. Elle ne vise qu'à mieux vous connaître, en partant de l'adage selon lequel nous sommes ce que nous lisons ou, en d'autres termes, que notre consommation culturelle traduit et révèle nos goûts, donc notre personnalité.

Ceci dit, n'oubliez pas que les jurys s'attendent à rencontrer « d'honnêtes hommes ». Cette dimension s'apprécie notamment au travers de l'immersion dans l'actualité ainsi que par la curiosité dont les candidats font montre, dans leur consommation culturelle par exemple. Il s'agit donc de questions auxquelles vous avez des réponses…

Votre jury n'attend pour autant pas de réponse particulière à ce type de question. Vous n'êtes donc nullement contraint d'évoquer le dernier vainqueur du Festival de Cannes ni le roman à succès de la rentrée littéraire.

Il importe en revanche que vous preniez quelques précautions. Tout d'abord, tentez d'éviter les livres ou les films considérés, à tort ou à raison, comme peu sérieux. Souvenez-vous que votre jury va se faire, d'après votre réponse, une opinion sur vous. Vous avez bien sûr le droit d'adorer la bande dessinée ou les comédies légères. La question qui se pose à vous est de savoir si vous avez envie d'être perçu comme tel ou si vous préférez donner l'impression d'un étudiant plus « sérieux ». Privilégiez donc un livre ou film exprimant plus immédiatement « l'honnête homme » que vous êtes.

La deuxième précaution que vous prendrez consistera à choisir un livre que vous avez vraiment lu ou un film que vous avez vraiment vu ! N'excluez en effet surtout pas qu'un membre de votre jury puisse l'avoir lu ou vu et vous demande par exemple ce que vous pensez de la posture du héros dans telle ou telle circonstance, de la scène dans laquelle les personnages dînent ensemble…

Dans un troisième lieu, vous devez surtout vous focaliser sur les raisons vous ayant amené à choisir les œuvres que vous avez choisi. En quoi vous ont-elles intéressé ? Qu'en avez-vous retenu ? Que vous ont-elles permis de comprendre ?

Enfin, si vous le pouvez, choisissez un livre ou un film vous permettant de rebondir sur votre personnalité, votre projet, voire votre future école. Sans aller jusqu'à la présentation d'un héros intrépide et invincible (!), vous devez essayer d'établir des liens avec vous ou vos qualités ou, le cas échéant, votre projet professionnel.

« Mon film préféré est "Black Swan", de Darren Aronofsky. J'aime ce film parce qu'il est vraiment déroutant et qu'il me fait perdre pied à chaque fois que je le visionne. Au-delà de la perfection de l'image qui est incontestable, je trouve que le film fait chavirer le spectateur lorsque la schizophrénie gagne le personnage principal. Il est sublime et dérangeant. L'univers de la danse classique est un milieu que je connais pour avoir été danseuse moi-même. Natalie Portman est époustouflante dans

son interprétation. J'y ai perçu une forme de mise en abîme au sujet du travail d'interprétation de la danseuse avec son rôle de reine des cygnes et de Nathalie Portman dans son rôle d'actrice. Jusqu'à quel point entre-t-on dans son rôle ? Bref, c'est pour moi un chef d'œuvre. Vous savez, j'ai dans mon panthéon cinématographique, un certain nombre de films que j'aimerais partager avec les étudiants de votre école, en organisant des soirées ciné débat, en collaboration avec le Bureau des arts. ».

15 Étonnez-nous ! Surprenez-nous !

Fréquemment vécues comme très déstabilisantes, des questions de ce type ont une signification que vous devez au préalable identifier. Posées sans perversité, elles sont néanmoins suffisamment perturbantes pour vous amener à vous demander pourquoi elles vous sont posées.

Selon toute vraisemblance, l'administration de ces questions découle de l'impression que vous avez, au stade de l'entretien où elles vous sont posées, faite à votre jury. En effet, parce que vous avez donné l'impression d'une personnalité austère ou que votre trac vous a empêché de vous livrer et de vous dévoiler, le jury ressent alors le besoin de briser le voile vous protégeant.

Comme face à toute question déstabilisante, vous ne devez surtout pas montrer que vous êtes déstabilisé par la question. Prenez quelques secondes en regardant de façon pondérée tour à tour les membres de votre jury. Si vous y parvenez, vous avez d'ores et déjà marqué des points dans l'esprit de votre jury, en démontrant votre capacité à ne pas être déstabilisé.

Ceci dit, il va vous falloir néanmoins répondre. Si vous avez du culot, selon votre tempérament et votre personnalité, votre réponse pourra consister, à l'issue de l'échange de regards avec les membres de votre jury, à tout simplement répondre : « voilà », puis à regarder de nouveau patiemment les membres de votre jury en les laissant réagir et reprendre la parole. En toute logique, votre jury comprendra alors que vous avez cherché à l'étonner en faisant preuve d'audace et de laconisme et se félicitera de votre réaction. De plus le silence et l'échange de regards suivant votre « voilà » lui montrera que vous n'avez pas été désarçonné et que vous êtes parvenu à maintenir votre échange sur un mode égalitaire. Il passera à autre chose.

16 Faites-nous rire !

Classique, cette question n'en demeure pas moins une des questions les moins bien vécues par les candidats à qui elle est posée.

Là aussi, préalablement à votre réponse, vous devez vous demander pourquoi une telle question vous est posée. Vraisemblablement avez-vous donné l'impression d'un candidat trop sûr de lui, amenant alors votre jury à vouloir vous rudoyer quelque peu. Dans certains autres cas, les étudiants se voyant administrer cette question ont présenté une personnalité renfermée et austère.

Face à cette question, comme face à toute question de nature déstabilisante, prenez quelques secondes avant de répondre. Ce laps de temps, même court, pendant lequel vous garderez le silence et regarderez vos interlocuteurs vous permettra de comprendre pourquoi la question vous est posée et comment vous allez y répondre. De plus, cette posture montrera aux membres de votre jury que vous ne vous laissez pas démonter par une question perturbante et demeurez bien d'aplomb.

Comme vous le savez, il n'y a rien de plus personnel que l'humour. Il n'est donc pas question pour vous d'envisager de raconter une blague ou une plaisanterie : vous risqueriez de tomber à côté ou d'indisposer un des membres de votre jury. De toute façon, convainquez-vous bien que votre jury n'attend d'ailleurs pas que vous vous orientez dans cette voie. La question a en effet pour but d'apprécier vos réactions face à l'inattendu ou au déroutant, bien plus que vous entendre reprendre à votre compte les saillies d'un humoriste.

Ceci dit, là aussi, il va vous falloir jouer le jeu et répondre. Si vous en avez la capacité, donc si, en d'autres termes, vous avez « des billes », vous pouvez élever le débat en vous demandant, entraînant ainsi votre auditoire dans votre réflexion, ce en quoi consiste le rire, à quelle fonction il obéit, quels en sont les principaux mécanismes déclencheurs. Ce faisant, vous prenez de la hauteur et, en vous appuyant sur Bergson, pouvez évoquer le rôle de soupape du rire.

Sinon, vous pouvez répondre, plus classiquement, que vous serez ravi de vous détendre avec vos interlocuteurs, mais que vous demeurez pour l'instant concentré sur votre objectif, qui est de réussir votre entretien, ou que, lorsque vous vous essayez à l'humour, cela tombe souvent à côté…

En tout état de cause, demeurez paisible. Si vous faites preuve d'agressivité, en faisant par exemple comprendre au jury que vous considérez cette question comme déplacée ou incongrue, il risque fort de vous rétorquer que, jusqu'à plus ample informé, c'est lui qui choisit le contenu et la direction donnée à votre entretien et que, de plus, vous perdez bien vite votre calme…

17 Quelle question n'auriez-vous pas voulu que l'on vous pose ?

De nouveau, votre jury n'attend pas tant que vous répondiez à la question que de constater quelles réactions elle engendre chez vous, comment vous vous y prenez pour la traiter, quels chemins vous empruntez et quelle démarche sous-tend votre réflexion.

Deux solutions de réponse s'offrent à vous, la classique et l'audacieuse. La réponse classique consistera à évoquer votre vie privée pour préciser que vous désirez la laisser en dehors de l'entretien. Par voie de conséquence, vous n'entendez pas que vos parents ou votre conjoint éventuel soient évoqués, ainsi que votre sexualité, vos idées politiques ou votre religion par exemple.

Une réponse plus audacieuse consistera à regarder posément le membre du jury et à répondre simplement : « *celle que vous venez de me poser* », puis à demeurer silencieux en attendant la question suivante. Si vous optez pour cette réponse, veillez à demeurer modeste et à ne pas adopter de posture triomphaliste donnant à penser que vous savez que votre réponse est habile…

18 Quelle note mettriez-vous à votre entretien ?

Encore une question relativement déstabilisante pour un candidat qui n'y a jamais vraiment réfléchi. C'est une question piège à laquelle vous ne pouvez apporter que des mauvaises réponses. Répondez 20/20 et vous serez jugé comme un candidat prétentieux. Répondez 10/20 et vous signerez vous-même votre échec. Ce n'est pas à vous de vous évaluer et il ne faut en aucun cas donner une note !

Nous vous conseillons de détourner le piège en revenant sur un point que vous avez oublié d'aborder ou qui mérite de plus amples explications. Vous pouvez décliner poliment ce cadeau empoisonné en précisant que l'on n'est jamais bon juge de soi-même. Puis, renouvelez vos motivations.

« Écoutez je ne préfère pas me prononcer à ce propos. Je pense en tout cas que cet entretien ne serait pas réussi si je sortais sans vous parler de ma passion pour la musique classique. Si vous me le permettez, j'aimerais vous dire quelques mots sur ma pratique du violoncelle […] *».*

ou

« Je ne saurais me donner une note. J'espère en tout cas vous avoir fait part au mieux de mon envie d'intégrer XXX et surtout, j'espère que vous aurez accueilli favorablement mon projet professionnel. Si vous le désirez, je peux revenir sur un point de ma présentation sur lequel je suis passé trop rapidement. »

50 Entretiens

Qualités et défauts

« *Connais-toi toi-même* », disait Socrate. Vaste programme… auquel il va falloir pourtant vous atteler. Sous une forme ou sous une autre, la question vous sera vraisemblablement posée. Elle constitue en effet LA question pivot de la partie « personnalité » des entretiens d'admission. Délicate, cette question appelle pourtant de votre part une réponse.

Pour ce faire, vous devez prendre plusieurs précautions majeures.

- La **première** réside en le travail d'introspection auquel vous vous êtes adonné. Ce dernier vous a fourni le matériau nécessaire à votre réponse.

- **Deuxième précaution :** répondez franchement et directement. Si certains étudiants sont tentés par la réalisation d'une pirouette, comme « j'ai les qualités de mes défauts », ou « j'ai toutes les qualités sauf une : la modestie », ils ne s'exonèrent pourtant pas de la réponse à la question. De ce fait, une réponse commençant par « je vais vous parler d'une expérience qui permet de comprendre mes qualités et mes défauts » ne conviendra qu'à demi, dans la mesure où la question posée n'était pas celle appelant une réponse ainsi formulée. Pour la même raison, vous ne pouvez pas entamer votre propos par « les autres disent de moi que je suis… ». La question qui vous est posée, sous-entend que vous répondiez vous-même, donc en prenant la distance qu'affectionnent les jurys vis-à-vis de vous-même.

- **Troisième précaution :** commencez par évoquer vos défauts. Vous devez naturellement admettre leur existence, tout en veillant à trois choses.

  Dans un premier temps, choisissez vos défauts, vos limites ou vos faiblesses en connaissance de cause. En d'autres termes, évoquez des défauts secondaires dans l'optique de vos futures études, ou des qualités-défauts. Les qualités-défauts sont des caractéristiques de caractère ou de comportement dont l'excès peut devenir un défaut ou dont la perception peut varier en fonction du degré.

  Prenons l'exemple de l'impatience. Vouloir les choses et les attendre constitue une qualité en soi, dont l'outrance amènera à basculer dans l'excès, donc dans le défaut. Question de degré et de point de vue donc.

Dans un second temps, veillez à préciser, sans attendre la question, que vous en êtes conscient et que vous travaillez dessus, dites comment et à quels résultats vous êtes parvenu (ex. : timidité ↔ théâtre ; nervosité ↔ yoga/sophrologie).

Concernant vos qualités, la quatrième précaution que vous prendrez consistera à en évoquer en relation avec ce que vous savez être les attentes de vos interlocuteurs, tout en demeurant franc. Naturellement, si vous êtes par exemple animé de l'esprit d'équipe et de la volonté de faire avancer les projets auxquels vous participez, vous devez l'évoquer. Là aussi, n'hésitez pas à prendre des exemples, issus de vos expériences professionnelles ou associatives, venant appuyer et crédibiliser vos dires.

- **Dernière précaution :** vous devez donner l'impression d'improviser un tant soit peu. Si cette question, classique, est souvent préparée par les candidats, souvenez-vous que les jurys n'apprécient que fort modérément les discours appris et déglutis. À réciter une réponse apprise par cœur, vous courrez le risque de questions plus pointues, plus directes ou plus personnelles…

Liste de qualités à mentionner en entretien

Astucieux, attentionné, audacieux, chaleureux, curieux, débrouillard, déterminé, diplomate, énergique, engagé, jovial/gai, loyal, méthodique, organisé, pragmatique, sens des responsabilités, à l'écoute, rapide, fiable, rigoureux, sensible, tenace, drôle

ASTUCE Pour la question des qualités, évoquer une qualité qui vous sert au quotidien (ex. : débrouillard, énergique, méthodique), une qualité professionnelle (fiable, ponctuel, sens des responsabilités, rapide) puis une qualité d'ouverture (que les autres apprécient. Ex. : à l'écoute, chaleureux, loyal).

Liste de défauts à mentionner en entretien

Anxieux, capricieux, colérique, distrait, émotif, envahissant, excessif, impulsif, intransigeant, maladroit, nerveux, orgueilleux, râleur, susceptible, timide (manque de confiance)

ASTUCE Ne dites pas : « je suis quelqu'un de distrait » mais « je gagnerais à être plus concentré dans le cadre de mon travail personnel à la maison ». Ne dites pas non plus : « Je suis timide » mais « J'aimerais beaucoup avoir davantage confiance en moi ».

Notes personnelles

Notes personnelles

Notes personnelles

Notes personnelles

34/38, rue Camille-Pelletan – 92309 Levallois-Perret Cedex
Imprimerie Sepec numérique – 01960 Péronnas
Imprimé en France – 4e trimestre 2021

Service éditorial : Benjamin Dias Pereira, Deborah Lopez
Conception graphique : Dominique Papon

Dépôt légal à parution
ISBN 978-2-7590-4811-3

PEFC 10-31-3532 / Certifié PEFC / Ce produit est issu de forêts gérées durablement et de sources contrôlées. / pefc-france.org